ひとりひとりの「性」を大切にする社会へ

遠藤　まめた

はじめに

人はそれぞれ違っていて当たり前だ、ということをだれもが知っている。食べものや音楽の好み、血液型、子どもの頃に描いていた夢。理想の休日のすごし方や、どんな人と一緒にいるときにホッとするのか。これらのことに多様性があるのは、ごく自明のことであって、「目玉焼きに塩コショウ以外をかけるやつは許せない」なんて自分の価値観を押し付ける人は通常いない。

でも、「性」に関する多様性となると、雲行きはなかなか怪しくなるようだ。異性が好きか、同性が好きか、そもそも好きになる人の性別なんてあまり重要じゃないと感じるタイプなのか。はたまた世間から期待される男らしさ・女らしさとの距離感などについては、人はそれぞれ違っていて当たり前だ、という前提が、まだまだ日本社会には定着していない。

「彼氏はいるの?」

「いえ、彼女がいます」

なんてやりとりは、まだ日常的に繰り広げられてはいないし、質問者が前もって「ひょっとしたら彼女かもしれないな」と想像力をはたらかせるケースも稀（まれ）だ。

個性を大切にしましょう、と習ったはずの私たちは、「性」をめぐる多様性についてどう向き合えば良いのか分からず、あるいは多様性の存在すら知らずに、日々のコミュニケーションを重ねている。

「彼女はいるの？」

ある日の講演が終わった帰路、タクシーの運転手にこう尋ねられた。

私は普段、ＬＧＢＴなどの多様な性について知ってもらう活動をしている。

「いません」

私は即答した。彼氏がいたらどうするんだ、と思ったからだ。

相手が男だと思えば、挨拶代わりに女の子の話をしようとする風潮への静かな抵抗でもあったが、本当のところは、私には彼女がいた。逆説的だが「彼氏や彼女はいるの？」と尋ねられていたら、彼女がいると伝えてもよかったかもしれない。

加賀棒茶（かがぼうちゃ）とスコーンが好きな彼女がいます、と。

この本を書いている私は、現在32歳のトランスジェンダーだ。女性として育てられ、自分のことはどちらかといえば男性と認識しており、外見は男にも女にも見える。

車も家も所有したがらず、「男はだまってサッポロビール」だった上の世代の価値観に反してビール離れも絶賛加速中、というミレニアル世代の私は、男らしさや女らしさについての価値観も、世代や暮らしてきた環境によってずいぶんと違うことを感じている。

インターネットが普及して、ＳＮＳ上ではセクハラや性暴力について自分の経験を語る「#MeToo」（わたしも）というムーブメントが話題になった。セクハラや性暴力は身近にあると語る女性たちがいる一方で、そんなことは考えたことがないと語る男性たちもいる。同じ世代であっても、人によって見ている光景のちがいがあることもＳＮＳは可視化している。

２０１０年代にはＬＧＢＴという用語が広く知られるようになった。なんとなく「そのような人たち」を軽んじてはいけない、大切にしなくてはいけない、という雰囲気が醸成されつつあるのは当事者としてはありがたいことだが、実のところは何がなんだかよく分からないという人も多いのではないだろうか。

ひとりひとりの「性」を大切にするためのレッスンも十分に受けられないまま、私たちのもとには日々演習問題がやってくる。多様性は美しい、いろいろな人が認められることは良いことだ、というメッセージが発信されながら、同時に、多様性ほど面倒くさいものはないのも事実のようだ。ときに真面目に、ときにユルく、差異や差別をめぐるコミュニケーションの難しさや可能性を読者のみなさんと一緒に考えていけたら良いなと願って、この本を書いてみた。

序章「性の当事者」では、多様な性についてのミニ解説を設け、ＬＧＢＴに関連する書籍を初めて手に取る方でも安心して読み進めていただけるようにした。

第1章「時事から読み解くＬＧＢＴ」では、広辞苑がＬＧＢＴの記載を間違えた件（ちなみに筆者がＷＥＢ連載で指摘したことが騒動の引き金となった）や、杉田水脈衆議院議員の「生産性」発言など、２０１０年代後半の日本で話題になったＬＧＢＴ関連ニュースを掘り下げた。

第2章「トランスジェンダーとフェミニズム」では、性別欄やトイレの扱い、性暴力をめぐる眼差しなど、新しい運動とみなされがちなＬＧＢＴのムーブメントと、社会的に構築された男女間での差別を解消しようとするフェミニズム運動の交差点について扱った。

第3章「私たちが生きる多様な社会」では、差異や差別をめぐる生きづらさという問題に対して私たちはどう考えたら良いのか、ということを投げかけた。

なお、本書は2017年春からWEBマガジン「ウェジー」上で連載された「トランス男子のフェミな日常」を大幅に編みなおし、新たなエッセイも加えた「ほぼ書きおろし」だ。ご興味のある方は、ぜひオンライン上の連載*もご覧いただけると幸いです。

* https://wezz-y.com/archives/category/column/toransudanshi

目次

第2章　トランスジェンダーとフェミニズム　69

第3章　私たちが生きる多様な社会

序章　性の当事者

本書はＬＧＢＴなどの多様な性について扱ったもので、前もって知識を持っている人以外でも楽しんでもらえるよう、なるべく専門用語は使わないよう心がけている。

それでも、このトピックに関する本を手にとるのが初めて、という方には、簡単な説明があった方が良いかと思うので、冒頭では多様な性の基礎知識について短くガイダンスをしておこう。

性の多様性は、昔も今もどこにでもある

ＬＧＢＴとは、レズビアン・ゲイ・バイセクシュアル・トランスジェンダーという4種類の言葉を並べた略称で、性的少数者（セクシュアル・マイノリティ）をあらわす便利な言葉として、２０１０年代になってニュースで取り上げられることが増えてきた。

人によっては、耳慣れないカタカナの羅列にとまどうかもしれない。

「最近の話題」と捉えられることが多いＬＧＢＴだが、性の多様性は時代によって、いろいろな捉えられ方をしてきた。

古代ギリシャの哲学者プラトンは、恋人どうしである戦士がペアを組めば最強の戦力になると書いている。当時のギリシャでは同性どうしが恋愛をすることは、ごくありふれたことだった。日本でも織田信長を筆頭に戦国武将たちは少年を愛し、「奥の細道」をよんだ俳人の松尾芭蕉には男性の恋人がいた。*

多くの国で性別は男性と女性の二通りとされたが、インドや北米、太平洋諸島などでは、性別が伝統的に3種類や5種類とされた地域もある。インドでは第3の性別は「ヒジュラ」と呼ばれて、村で結婚式が行われたり、どこかで赤ちゃんが生まれたりすると、シャーマンであるヒジュラたちがやってきてお祝いのダンスを踊る。

性の多様性を当たり前のように受け入れる社会もあれば、そうではない社会もあった。20世紀前半には、同性愛者はドイツ民族への脅威とされ、ナチスによってガス室に追い込まれていた。2013年に国連は、「なぞなぞ」というムービーを公開している。世界中どこにでもあって、一部の国では公に認められているのに、76か国で違法とされているのは何？――答えはLGBTであることだ。

私たちが暮らす日本はどうだろう。現在の日本にはLGBTを犯罪とみなすような法律はな

*デニス・アルトマン、ジョナサン・サイモンズ著『Queer Wars』（邦訳未刊）によれば、同性間の恋愛は、当事者が同性間とは別の関係性の中で子孫を残していれば問題視されないできた。また過去のほとんどの社会では、同性愛というより男たちの間に受動的な人（女役）と能動的な人（男役）がいるという認識がされていて、女性たちの権利は制限されてきた。

いけれど、同性カップルは結婚できないし、性別を変えて暮らす人は就職活動などで困難に直面することが多い。

同性が好きな人は、異性が好きな人と比較して、社会のいろいろな面で不便を感じたり、そもそも「いないこと」になっていたり、差別や偏見がこわくて本当の自分をいつも押し殺したりして、日本中のあちこちで暮らしている。生まれたときの性別にうまく馴染めない人は、服ひとつ買うのにも、トイレひとつ使うのにも苦労しがちだ。

社会の仕組みが変われば、どんな性を生きている人でも安心して、自分らしく生きられるようになる。ただこれまで、私たちのほとんどは性の多様性を学校で教わることはなかったし、いつのまにか「恋愛は異性とするもの」「性別はゆらいだり変わったりしないもの」と思い込まされてきた。目隠しをはずせば、実はいつでも多様性は身近にあったはずなのに。

昨今、私たちの社会が実は「異性を好きになる人」「性別がゆらいだり変わったりしない人」向けに作られていて、他の人たちを取りこぼしてきたことに、ようやくスポットライトがあてられはじめた。

これはLGBTと呼ばれる人たちが突然増えたとか、2010年代になって登場したというわけではなくて、性の多様性はいつの時代にも、どこにでも存在してきたということだ。

（表）　性の４要素

①生物学的な性（sex）
生物学的にオスなのかメスなのかを定義する染色体、生殖腺もしくは解剖学的な事柄

②性自認（gender identity）
自分自身をどのような性別だと認識するか

③性的指向（sexual orientation）
どのような性別の相手に恋愛・性愛的な魅力を感じるか

④性表現（gender expression）
立ち振る舞いや服装・言動が男性的か女性的か

だれもが持っている「性の4要素」

性の多様性について考えるとき、「性の４要素」という便利なフレームがあるのでご紹介したい。私たちの性は、大きく分けて次の４つの要素が絡み合って出来ている、とされる（表）。

この４要素はすべての人が持っていて、人によって個人差があることがわかっている。もう少し詳しく見ていこう。

①生物学的な性（sex）

生物学的な性は、大まかに男性と女性のふたつに区分される。生まれたときにペニスがあれば生物学的に男の

子、ヴァギナがあれば女の子だが、なかには判別がすぐには難しい赤ちゃんもいる。先天的に子宮のない女の子やペニスが欠損して生まれてくる男の子もいる。教科書的には性染色体がXXなら女性、XYなら男性だが、それ以外の性染色体で生まれてくる人たちもいる。先天的に男性ホルモンの一種であるテストステロン値の高い女性が、スポーツ選手として大活躍することもある。男性のからだも女性のからだも実はちょっぴり多様性がある。*

②性自認（**gender identity**）

性自認は、自分自身がどのような性別なのか、という内なる感じ方のことを指す。ほとんどの場合、性自認は前述した生物学的な性と一致するが、なかには一致しない人もいる。一致しない人を称してトランスジェンダーと呼び、一致している多数派の人々**をシスジェンダーと呼ぶ。

性自認が男性のトランスジェンダーをトランス男性、女性のトランスジェンダーをトランス女性と呼ぶ。性自認を男女どちらでもない、どちらでもある、と感じている人をXジェンダーと呼ぶことがある。人間、白黒つけられることばかりでもないらしい。

③性的指向（sexual orientation）

性的指向とは、どのような性別の相手を好きになるかをあらわす概念だ。異性を好きになる人を異性愛者（ヘテロセクシュアル）、同性を好きになる人を同性愛者（男性の場合をゲイ、女性の場合にはレズビアン）、「男性も女性も好きになる」あるいは「そもそも男とか女とかそんなに重要か?」と捉えている人を両性愛者（バイセクシュアル）と呼ぶ。ほかには、他人に性的欲求を抱かないAセクシュアルの人や、恋愛をしない人などもいる。

20世紀の終わり頃まで、性的指向のちがいは病気だと思われていた。たくさんのカウンセラーが同性愛者を異性愛者に転向させようとし、電気ショックやら投薬療法やらを試みた。だれも異性を好きにはならなかったけれど、自殺を考える人は増えた。***

このような悲しい歴史から１９９０年、世界保健機関は国際疾病分類の精神疾患リストから同性愛を削除。のちに「同性愛は人間の正常な性のあり方であり、いかなる意味でも治療や矯

*からだの多様性についてはネクスＤＳＤジャパンのＨＰに詳しい。https://www.nexdsd.com

**多数派の人々…シスジェンダーや異性愛者のことを、よく「普通」と呼ぶ人たちがいるが、「普通」は人によって違うので、多数派にもきちんと名前がついている。

***同性愛が病気とみなされた時代の著名な犠牲者にアラン・チューリング（１９１２〜１９５４年）がいる。コンピュータの父とよばれ、第二次世界大戦中にナチスの暗号「エニグマ」を解読したことでも知られる天才数学者だった彼は、１９５０年代に同性愛を理由に逮捕され失脚。異性愛への矯正療法を強いられて自殺した。半世紀後にイギリス政府は正式に謝罪し、２０１９年、彼の肖像画がイギリスの新しい50ポンド札に採用された。

正の対象にはならない」と重ねて表明している。

④性表現（gender expression）

性表現とは、ある人の立ち振る舞いや服装・言動が男性的か女性的かを表す概念である。トランスジェンダーでなかったとしても、ハロー・キティが大好きな男性や、ボクシング選手になりたい女性は存在する。人間どこかしら「男らしさ」「女らしさ」から外れた部分をもちあわせている。そのため「男らしさ」「女らしさ」の押し付けが厳しい社会は、みんなにとって息苦しい社会になる。

みんながグラデーションの一部

ＬＧＢＴとは前述の４要素のうち、③性的指向におけるマイノリティ、すなわちレズビアン（女性の同性愛者、lesbian）、ゲイ（男性の同性愛者、gay）、バイセクシュアル（両性愛者、bisexual）と、②性自認にまつわるマイノリティであるトランスジェンダー（出生時にあてがわれた性とは異なる性自認をもつ人、transgender）の4つの言葉の英語の頭文字を並べた略称だ。

便利なので、本書でもＬＧＢＴという用語をあちこちで使っているが、4種類の言葉を並べたからといって、性的少数者が4パターンしか存在しない訳ではない。

人間、白黒つけられることばかりではないから、「ここから先がバイセクシュアルです」「ここから先が異性愛者」という境界線があるわけではないし、人生のどこかにお気に入りの同性がいたという異性愛者はめずらしくないだろう。

多数派に括(くく)られる人とマイノリティとの間は地続きであり、多数派に括られる人たちもまたひとりとして同じではないことから「性はグラデーション」という表現がよく使われる。

同性を好きになる人は、いつの時代にも人口の3～5％程度いると言われ（つまり30人のクラスにひとり程度）、トランスジェンダーは概(おおむ)ね人口の0・3％（つまり300人にひとり程度）いると言われる。*このようにマイノリティの人口比率を出すことも可能だが、別の見方をすれば、すべての人がバラエティを持っているともいえる。

多様な性のシンボルとして、今日ではレインボーカラーが世界中で使われている。いろいろな色が混ざりこんでいるから虹が美しいように、人間も多様なのがいい。多様だから社会は豊

*国連開発計画のリポートなど各種調査の数字から著者はこの割合を採用しているが、広告代理店等による調査結果を引用する人も多い。データの読み方については石田仁著『はじめて学ぶＬＧＢＴ　基礎からトレンドまで　スッキリわかる！』（ナツメ社、２０１９年）に詳しい。

かで楽しい。そんな思いがレインボーには込められている。

空にかかる虹は、ここからが赤でここからがオレンジといった境界線はないけれど、それと同じように、人間の性のあり方も、ここからが多数派でここからが少数派といった明瞭な区分はなくて、みんながグラデーションの中の一色だ。

多様な性の当事者とは、ＬＧＢＴだけではなく、この社会に暮らすすべての人のことだ。

きっとここからの章も、みなさん自身が経験してきた様々なできごとや、ＬＧＢＴに限らない社会の課題とひもづけて読んでいただけると、本書の楽しみ方が深まると思う。

第1章　時事から読み解くLGBT

広辞苑がＬＧＢＴの説明を間違えた話

「辞書を引きなさい」

子どもの頃に、先生や親に何度言われたことだろうか。見知らぬ言葉に出会ったときに、何より信用できるのが辞書のはずだった。電子辞書より、紙の辞書。分厚い辞書をぺらぺらとめくれば、それだけで賢くなれそうな気がしたものだ。

その辞書が、満を持して「ＬＧＢＴ」を取り上げることになったが、記述を間違えた、という珍事件があった。

それは２０１８年の年明け。10年ぶりに改訂された『広辞苑』の第7版が発売された1月12日の夜だった。この新しい広辞苑は、第6版の刊行後に定着した言葉として、約1万項目を新たに追加したことを売りにしていて、「ブラック企業」や「安全神話」のほかに「ＬＧＢＴ」が初めて登場したことが前もってニュースになっていた。

今回の改訂にあたって、岩波書店の社長は「自分だけが苦しんでいると思っていることが、言葉を獲得することによって多くの人々と共通する問題であることが分かる。それが人を楽にし、自由にする」とのコメントも発表している。なかなか感動的なフレーズじゃないか。当事者たちの期待値を最大限にあげたところで、ジェットコースターのように悲劇は起きた。

第一発見者は、ほろ酔いで書店を訪れた私の友人だ。

友人は、金曜日の飲み会の帰りに、ふらりと書店に立ち寄ったのだと言う。どれどれ、うわさの新しい広辞苑をのぞいてみようじゃないか。底冷えのする冬の晩、友人がめくった広辞苑第7版のLGBTの項目には、こう書かれていた。

エル・ジー・ビー・ティー【LGBT】(レズビアン、ゲイ、バイセクシャル、トランスジェンダーの頭文字)多数派とは異なる性的指向をもつ人々。GLBT

念のため解説をしておくと、LGBTとは、どんな性別の人に魅力を感じるか、という性的指向におけるマイノリティにあたるLGB(レズビアン、ゲイ、バイセクシュアル)と、出生時の性別と性自認が異なる人々であるT(トランスジェンダー)をあわせた言葉だ。* LGBについては「多数派とは異なる性的指向をもつ人々」で正解だが、トランスジェンダーのTは性的指向とは無関係なので、LGBTの説明としては間違っている。

*詳しくは本書の序章も参照されたい。

でもまぁ、そんなことは世間の大多数の人たちは知らない。

友人は、自分が酔っぱらっていたせいで何かヘンなものを見たのかも、とフェイスブックに投稿して、その晩は眠りについた。

翌朝、投稿を見た私が書店を訪れ、事情を把握し、連載中のWEBマガジン「ウェジー」に広辞苑のミスについて寄稿したところ、いっきに話題に火がついた。

新聞各社から私のところに、電話がじゃんじゃん掛かってくる。私は急きょ広辞苑についてコメントをする謎の評論家になってしまった。そうこうしているうちに広辞苑は該当箇所を訂正した。

要するに天下の『広辞苑』が間違えるぐらいには、世の中も、LGBTが何を指しているのかなんて知らないヨ、という人が大多数ということなんだろう。「LGBTが新しく加わりました」と聞けば、なんとなくみんな「オーそれは新しいね」なんて感心したりもするけど、詳しい中身については、あんまりよく分かっていない人たちが多い。

国語辞書が時代をうつす鏡だとすれば、「LGBTへの理解は進んでいるようにみえて、実はそこまで深くはない」ということを、はからずも広辞苑は浮き彫りにしてしまったようだった。

過去の記述をふりかえれば、広辞苑は、1983年の第3版までは同性愛を「異常性欲」として記述していて、その後「動くゲイとレズビアンの会（アカー）」の申し入れによって、価値中立な書き方に変更した経緯があるらしい。

『イミダス』は1990年版で、同性愛について「男性ホモの場合は強迫的で反復性のある肉体関係がつきまとい、対象を変えることが多い」という記述をしていたが、1994年版では記述を削除し「同性愛も異性愛も、人間の性のあり方の一つと考えるのが妥当だろう」という一文を付けたしている。自分が同性愛者かもしれないと思い、ひそかに辞書をめくってみた子どもがショックを受けるといったことも、時代と共に減っていった。辞書を編む人たちの試行錯誤は、過去に差別的な記述をしていたこともふくめて、実はけっこう人間くさいのかもしれない。

ためしに「恋愛」の定義を、いくつかの辞書で比べてみたら、こちらも担当者によって随分とちがうことがわかった。

『広辞苑』第7版が「男女が互いに相手をこいしたうこと。また、その感情。こい」、『三省堂国語辞典』第7版が「（おたがいに）恋（コイ）をして、愛を感じるようになること」なのは、性別を限定するか・しないかに担当のこだわりが垣間見えるが、『新明解国語辞典』第7版にいたっては、こうである。

「特定の異性に対して他の全てを犠牲にしても悔い無いと思い込むような愛情をいだき、常に相手のことを思っては、二人だけでいたい、二人だけの世界を分かち合いたいと願い、それがかなえられたと言っては喜び、ちょっとでも疑念が生じれば不安になるといった状態に身を置くこと」

重たい辞書、というものが存在することを筆者ははじめて知った。

もちろん、これは物理的な意味の重さではない。

杉田水脈「生産性発言」炎上が教えてくれたこと

「ＬＧＢＴのカップルのために税金を使うことに賛同が得られるものでしょうか。彼ら彼女らは子供を作らない、つまり『生産性』がないのです」

２０１８年の夏は、自民党の杉田水脈議員が炎上しまくった夏だった。

「新潮45」（新潮社）同年8月号に、杉田議員が「『ＬＧＢＴ』支援の度が過ぎる」という論考を発表したが、内容がとにかくひどかったのだ。

非難が殺到した「生産性がない」発言だけでなく、学校でＬＧＢＴについて教えると、当事者が「これでいいんだ」と思ってしまって「普通」の人生を歩めなくなり、「不幸な人」を増やしてしまう、などとも書かれていた。

どのような言葉を選択するかといった隅々まで、イジワルさがにじみ出ている。

杉田議員がこのような主張をするのは、これが初めてではない。彼女は過去にもテレビ番組「チャンネル桜」に出演して、〝周囲から孤立しやすいLGBTの子どもたちの自殺率が高いからLGBTについて教えましょうなんて動きがありますが、そんな必要はありませんよ。先生だって忙しいんですから、優先度は低いのです〟などといった内容を、なぜか笑いながら話していた。＊

よくB級映画に、こういう高笑いをするタイプの悪役が登場する気がするが、残念ながら彼女はニッポンの国会議員である。

この状況に対し、多くの人が声をあげた。

LGBT当事者やその友人・家族たちはもちろん、それだけではなかった。

子どもを持たない人生を歩んでいる人たち。障害者やその家族。自分の子どもには自由な生き方をしてほしいと願う親たち。自分がいつ迫害される側にまわるかはわからないと危機感を覚えた大勢の人たち。気づけば、いろいろな人が「そりゃないわ」と怒っていた。

私たちは政治家がブリーダーのように生殖に口を出してくることを嫌う。それに、「生産性」

＊チャンネル桜「日いづる国より」（2015年6月5日放送回）

という言葉は、「新潮45」が販売されたちょうど2年前におきた相模原障害者施設殺傷事件の被告人が使っていたものと同じだった。

「生産性のない人間は生きている価値がない」というのは、19人の知的障害者を殺害した被告人の持論だった。実際に刃物をふりまわした彼の与えた衝撃はすさまじいものがあったが、生産性がないと見なしたグループに所属する人間が自殺しても優先順位は低い、と笑いながら話している杉田水脈議員も、少なからず血なまぐさかった。

あの動画は、要するに「生産性のない人間は死んでもいい」とのメッセージだったのだろう。マイノリティを殺すのには武器なんていらない。政治家が差別を扇動すれば十分だ。LGBTに対する差別や偏見が自殺の要因になっていることは、国の自殺対策のガイドラインにも明記されているのに、もうすでに犠牲者の出ていることなのに、それを政治家が笑うのはたまらなかった。

私はLGBTの中高生と接する機会が多いが、若い当事者たちの中には杉田水脈議員の発言にショックをうけて、不眠や自傷行為に追い込まれる子どもたちがいた。

抗議デモに参加すると、インタビュアーからマイクを向けられた。

「杉田議員の発言についてどう思いますか」

若者たちに起きていることを話そうとしたが、胸が詰まってしまった。

ぜんぶなんて話せるもんか。

すべてがB級映画のフィクションだったらどれだけよかっただろうか。

ただ、あの夏、どこの街に行っても、私が講演に訪れた先には「怒っている人たち」がいた。市民講座にやってきた元ホームレスだという男性は「あいつ、なに言ってんのかわかんねえよな?」と声をかけてくれた。「おれもLGBTについて知りたいからよ、千葉で友達を作れる場所を教えてくれよ」と彼は言う。

小学生の子どもを持つ母親が「うちの子の同級生たちのほうが、国会議員よりも賢い」と言っていた。彼女の子どもは男の子として生まれたが女の子として学校に通っている。そんな子どもを同級生は当たり前のように受け入れて仲良く遊んでいるらしい。

周囲をぐるりと田んぼに囲まれた、北関東の小さな学校で、LGBTという言葉も最近ようやく覚えたという定年間際のベテラン教師が、言葉につまりながら、一緒に頑張ろうと言っていた。

今回一緒に怒ってくれた人たちのことを思うと、多様な性のシンボルが雨あがりの空にかかる虹だったということを思い出す。虹には、ここからが赤でここからがオレンジ色だという境界はない。すべてはグラデーションで、どの色も地続きだ。

それと同じように、性のあり方についても、実はここからが多数派で、ここからが少数派という明確な区切りがあるわけではない。子どもを作れという押し付けに対しても、「生産性」というモノサシに対しても、人々は自分ごととしてあの夏は傷つき、怒っていた。いずれはすべての人を苦しめることにつながると、直感的にわかったのだろう。

杉田水脈議員が教えてくれたのは、人はLGBTコミュニティだけを攻撃することはできないということだった。

おっさんずラブと保毛尾田保毛男

杉田議員が燃えていた夏、知人の中学生になる娘さんは、ドラマ「おっさんずラブ」*にハマっていた。「おっさんずラブ」は、不動産会社に勤める30代男性「はるたん」が、職場のおっさん複数から突然モテはじめる、という男どうしの恋愛ドラマだ。

コメディタッチで、げらげら笑わせながらも、彼らの恋愛はすれちがいだらけなので、思わず切なくなってしまう。そんなつもりじゃなかった視聴者まで、男どうしの恋愛が成就するよう、気が付けば必死で応援してしまうのだ。

中学生である娘さんは、新幹線に乗って東京まで関連イベントに参加したらしい。照れくさそうに「戦利品」であるグッズの数々を見せてくれた。

そんな彼女の様子を見ると、腕組みをしながらLGBTの研修をうけている教職員たちよりも、ずっと彼女のほうがナチュラルなアライ**になるんじゃないかと思う。

ここのところ、LGBTを扱ったドラマやテレビ番組は増えている。テレビ東京系列の「きのう何食べた?」(2019年)は、中年男性ふたりのカップルが日常生活を送る様子を描いていたし、NHKの「女子的生活」(2018年)も若いトランス女性の暮らしを等身大で扱った素晴らしいドラマだった。

「女子的生活」には、主人公のトランス女性が、普段は食べないというハイカロリーな菓子パンをほおばりながら「くっそうめー」とつぶやくシーンがある。くたびれた仕事がえりのトランス女性が、シナモンを大量にいれたラテを飲みたいと欲するシーンもある。これまでテレビがトランス女性に求めてきたのが、お化粧にスカート、ハイヒールみたいな虚像ばかりだったことを思えば、とてつもない進展である。

テレビがどのような表現を許容するのかは、時代によって変わる。

*テレビ朝日系列のドラマ。2018年に第1シリーズが放映され、2019年には映画化と第2シリーズが放映された。

**LGBTの権利を共に守ろうとする理解者・支援者の意。

つい最近までＬＧＢＴは、もっぱら笑われていた。
いまでもバラエティ番組では「オネエタレント」が三枚目として笑いをとっていることが多いが、私が小学生だった頃は、もっと無遠慮だった。

１９９０年代、テレビではお笑いタレントの藤井隆がなよなよしたキャラクターを演じ、ダウンタウンからいじられては「オカマじゃありません！　ホモです！」とさけんでいた。

８０年代には、とんねるず演じる「保毛尾田保毛男（ほもおだほもお）」というコントキャラが一時代を築いていた。「ホモなの？」と聞かれると「あくまでもウワサなの」とお決まりのセリフで答える保毛尾田保毛男はゴールデンタイムのテレビに毎週登場し、一部の子どもを凍りつかせ、残りの子どもたちを笑わせていた。

保毛尾田保毛男にレッドカードがつきつけられたのは、２０１７年のことだ。

フジテレビのバラエティ番組が「懐かしいキャラ」として保毛尾田保毛男をテレビに再登場させたとき、幼少期のトラウマをかかえた30代以上の大人たちの往年の不満が爆発した。

ゲイでライターの鼎（かなえ）さんはブログにこう書いている。*

「もし自分が保毛尾田保毛男というあだ名で呼ばれたら、もし自分の子供が保毛尾田保毛男というあだ名で呼ばれたら、どんな気持ちで毎日を過ごさないといけないか　そんなことを少しだけ想像してもらいたい」

あの頃、小学校でみんなが保毛尾田保毛男のモノマネをしている時間がとにかくつらかった、などの抗議が殺到し、フジテレビの社長は放送直後に謝罪コメントを発表した。

「このキャラクターが長年に渡り与えていた印象、子供たちへの影響、およびLGBT等をとりまく制度改正や社会状況について私共の認識が極めて不十分であったことを深く反省しております」

単に2017年の放送だけでなく、過去の放送にさかのぼって言及して謝罪をしたことは異例だ。

しかし、これには反発も少なくなかった。

「(保毛尾田保毛男が) ゲイをわらいもの (にしてる)? バカか?・」とツイート（カッコ内引用者）したウーマンラッシュアワーの村本大輔を筆頭に、何人ものお笑いタレントがこの騒動に対して冷ややかなコメントを並べた。

なんでも差別と言われたら面白い表現ができなくなるじゃないか、というのは、表現者がいつでも口にする常套句のようなところがある。

このとき、株をあげたのが他ならぬ藤井隆だった。実は、藤井隆はずいぶん前から、ひっそりと「オカマキャラ」を演じることをやめていたのだ。

*ゲイHIPHOPライター鼎のブログ　それでいいっしょ「周りから保毛尾田保毛男と呼ばれた子ども」（2017年9月29日）http://www.kanaehiphop.tokyo/entry/2017/09/29/135546

藤井隆は自身のブログで＊「藤井隆は本当はオカマじゃないくせにオカマを馬鹿にしている」と書かれた雑誌を読み、悩んだことを綴っている。「本意では無かった」が、自分の芸を笑ってくれる人たちがいる一方で、だれかを不愉快な思いにさせていることも知った彼は、結局「変わること」を選んで、以降「オカマキャラ」を封印し続けている。

変わることを拒む表現者が多い中で、藤井隆のように、自分なりの答えを出そうとするタレントもいる。

昨今、エンターテイメントと多様性についての議論は、これまでになく盛り上がっているようだ。動画配信サイトのネットフリックスでは、人種の多様さはもちろんＬＧＢＴや障害者が当たり前に活躍する面白い作品が、たくさん見つかる。

差別的な炎上動画で再生回数をかせごうとするユーチューバーがいるかと思えば、可愛いものとメイクが大好きな男性タレントりゅうちぇるや、自分らしく生きることを応援してくれる渡辺直美のようなタレントも若い世代には大人気だ。

エンターテイメントは、社会を生きやすくも生きづらくもさせる。

りゅうちぇるは、いろんな男の子や女の子がいることの良さを、これでもかとポジティブに伝えている。渡辺直美は白目をむいた自身のユーモラスな「変顔」をインスタグラムに投稿し、〝同性愛キモイって言っている人をみつけたら、この顔みせろ〟というメッセージを添えて、何百万人ものフォロワーに笑いとインスピレーションを提供している。

「おっさんずラブ」にはまった先ほどの中学生は、学校の教員が、異性愛前提の会話ばかりすることが不満なのだという。同性が好きな人はどうするのだ、うちの学校にはＬＧＢＴはいないことになっているのかと、ギモンを投げかけたらしい。

知人はそんな自分の娘のことを、ちょっとうれしそうに語った。

教科書は多様な性をどう描く

「思春期になるとみんな異性を好きになります。それは大人になるためのとても大切なプロセスです」

20年近く前に、ある中学校で行われた保健の授業だ。

教科書には「思春期になると異性への関心が高まる」と書いてあった。先生の説明を聴きながら、友人は目の前が真っ白になっていた。

＊藤井隆のヤングプラザ９１１「コメントに返事して頂きありがとうございます」（２０１２年10月11日）より。 https://blogs.yahoo.co.jp/fujiitakashi_blog/34879449.html

「自分の恋愛は、やっぱり間違っているんだ」

友人の名前は、室井舞花*。後に、オンライン署名サイトChange.org（チェンジドットオーグ）上で、教科書の記述を変えるよう求める署名を立ち上げることになる。

その頃、中学2年生にしてはじめての恋をしていた彼女は、同性を好きになることについて否定的なコメントを聞いても、肯定的なメッセージを耳にした経験はなかった。

教科書はたいてい正しいことが書かれている。

自分は男性を好きにならなくてはいけない、と思った彼女は、その後「彼氏」を作ろうとするが、性的指向は自分で選んだり変えたりすることはできないため、10代の多くの時間を壁にブチあたりながら過ごすことになる。

時計の針が進み、２０１４年になって自分が大人になっても教科書の記述が変わっていないことを知った彼女は、声をあげることにした。

私もこのチームに加わって、一緒に動くことになった。

調べてみると、教科書の記述の「元ネタ」となっている国の「中学校学習指導要領解説　道徳編」には「思春期になると、人は遅かれ早かれ、だれでも異性に惹かれる」という趣旨の記述がされていた。そもそも科学的に間違っているのに、みんながこれを信じ込まされているのだ。

中学校の「心のノート」という道徳の副読本には「好きな異性がいるのは自然」と大書された下に、夕陽をバックに仲むつまじく自転車を押して歩く男女のシルエットが描かれ、こう添えられていた。

「ある調査で『気になる異性がいますか?』という質問に中学3年生では半数近い人が『はい』と答えています。あなたは『はい』『いいえ』のどちらでしょう?」

世界中のティーン・エイジャーに「余計なお世話だ」と怒られそうだし、同性が好きな人にとっては「おまえは自然じゃないんだよ」以外のなにものでもないメッセージといえる。

興味深かったのは、大人になったLGBTの当事者の多くが、当時の教科書のことを今でも覚えていたことだ。

「あれは自分だけじゃなかったんだ」

署名サイトに、ツイッターに、たくさんのコメントが寄せられる。

「これから生きる子どもたちに、『同性を好きなのも恋愛』というひとことを知らなかったゆえに青春を無駄にしてしまった自分のような人生を歩んでほしくない」

「LGBTの存在くらい知ってくれていいじゃないですか」

「友だちが自分にカミングアウトするまでに28年もかかった。友だちが苦しんだ何十年を、

＊室井舞花著『恋の相手は女の子』（岩波ジュニア新書、２０１６年）には子ども時代からの彼女の歩みが瑞々しく描かれている。

傍にいたのに気がついてあげられなかった。私がＬＧＢＴの教育を受けていたら、ひょっとしたら違っていたかも」

――そんな声がたくさん集まって、教科書を変えよう、文部科学省に働きかけよう、というムーブメントはどんどん大きくなっていった。

２０１７年の春、10年ぶりに学習指導要領が改訂されるタイミングで、国連の会議*に出かけていくことにした。このテの国際会議に参加するＮＧＯは、通常は予算が潤沢(じゅんたく)についていて団体規模も巨大だが、私たちは１００円ショップで購入した模造紙に手書きで自己紹介をつづり、やけっぱちのように折り鶴を折りまくって、つたない英語でも仲良くなれるように近くの豪華ＮＧＯのブースに折り鶴を配布するという、とてつもなくショボい団体だった。

「国連事務総長に、折り鶴、渡せるかな」

ワクワクしていたが、登場した国連事務総長はセキュリティの人々にガードされていて、折り鶴でも渡そうものなら、我々は会場からつまみだされそうだった。

しかし感心されたのか、あきれられたのか分からない。この会議をとりしきっていた議長は私たちをランチに誘ってくれ、さらに午後のセッションでこの署名活動について言及してくれた。

「思春期に異性を好きになるのが当然という日本の教科書を変えてほしいと活動する若者が

今日ここに来ています。少なくとも、日本の教科書は、私にも当てはまりませんでしたね」

議長の同性パートナーである男性が、その様子をiPhoneで撮影してくれて「やったな」と笑いながら、動画データを送ってくれた。

署名の賛同者は2万人近くになり、文部科学省あてに意見を届けた人の数は800名を超えた。

この様子を見て、あせったのは一部の保守系団体だ。

「このままいくと、教科書にLGBTの存在が記載されてしまいます！」

危機感をあおるメールがアンチLGBTサイドで飛び交いはじめ、私たちの折り鶴サークルは、突如、複数の保守団体や宗教団体からマークされるようになってしまった。

文部科学省には、山のように「LGBTなんて教えたら子どもが混乱してしまう」というコピペのメールやFAXが押し寄せた。

そのような反応があることを当初から見越していたのだろう。2017年4月、文部科学省は「国民の理解が足りないから、LGBTについては載せられない」というコメントを添えて、新学習指導要領を公開した。

＊韓国・慶州にある国連の会議の会場に行く途中に、時速140キロのタクシーに乗り死ぬかと思った話は、前著『オレは絶対にワタシじゃない　トランスジェンダー逆襲の記』（はるか書房、2018年）に詳しいのでご笑覧あれ。

どう考えても我々サイドの完敗、に思えたが、ここからが逆転劇だった。

まず「学習指導要領にＬＧＢＴが載らなかった」ことが、広くニュースとして報じられた。そもそもこれまでそんなことがニュースに載り、話題になることすらなかったのだ。知られざる社会問題だった教科書の話が、こうやって多くの人の議論するポイントになったことは、とても大きな一歩だった。

ツイッターでは「国民の理解」というキーワードがトレンド（話題）入りした。「国民の理解を醸成するために、まさに学校で教える必要があるんじゃないの」「教えてほしい国民もいるんですけど」などのＳＮＳへの書き込みが相次ぎ、結果として、一連のやりとりをみていた教科書出版社は、自分たちの判断でＬＧＢＴについて記載をはじめるようになった。

高校の現代社会、英語、家庭科。次に中学校の道徳。

そして、２０２０年度以降に使われる小学校のいくつかの保健体育の教科書では、ＬＧＢＴの存在が言及されるようになった。

それぞれの教科書を見ていると、「ここはもう少し詳しく」とか「もっとこうしたほうがいいのに」というリクエストは少なからずあるのだが、時代はどうやら転機を迎えたらしい。

後日談だが、一連の動きに味をしめた私は、そのあと世田谷区役所からオンライン署名サイトの運営団体に転職した。

東京オリンピック・パラリンピックとLGBT検定

2020年、東京にオリンピックとパラリンピックがやってくる。

私は「みんなで一丸に何かをする」ことが苦痛なへそまがりなので、なんとか国外脱出計画を立てているところだが、この祭典、日本のLGBTコミュニティにとっては、とても大きな影響をもたらしている。

というのも、国際オリンピック委員会は、東京オリンピック・パラリンピックに関わるすべての物品やサービスは、性的指向や性自認による差別・ハラスメントを禁止している企業からのみ調達されるべし、という「調達コード」を設けているからだ。

オリ・パラ関連でビジネスをするなら、このコードにあわせなくてはいけない。そのため2020年を前に、急ぎ社内規則を見直す企業が続いた。社内のハラスメント規定に、性的指向や性自認に関するハラスメントもダメだという文言を追記しなくてはいけない。これまで異性カップルしか利用できなかった社内制度を、今度からは同性カップルにも適用できるよう拡大しょう。２０２０年を目前に、さまざまな動きが出てきている。

東京オリ・パラがこのようなレインボー推進イベントになったのは、２０１４年に行われたソチでの大会がきっかけだ。

この大会、ＬＧＢＴをめぐり「いわくつき」になってしまったのだ。

開催国のロシアが、各国の反対をよそに「プロパガンダ禁止法」というＬＧＢＴに対する迫害的な法律を可決したことに、当時、欧米諸国からの非難が一気によせられた。プロパガンダ禁止法は、ＬＧＢＴに関するイベントの開催や未成年者にむけた情報発信を全面禁止するもので、事実上ＬＧＢＴコミュニティの息の根を完全に止めるものだった。*

世界にはＬＧＢＴの権利を法律で積極的に認める国もあれば、積極的に痛めつけようとする国もある。ロシアは後者で、同性間の性行為を犯罪とみなす（世界中によくある）タイプの法律ではなく、コミュニティ全体を破壊することを意図したまったく新しい法規制を生みだしたところが特徴的だった。

大会の前に、ロシアでボコボコになぐられている同性愛者の映像がインターネット上で繰り返し再生され、ひんしゅくを買っていた。英ＢＢＣの記者がソチ市長にインタビューすると、市長は「そもそもソチには同性愛者なんて存在しない」と答えた。

事態の深刻さに、欧米主要国の首脳らはソチオリンピックの開会式のボイコットを余儀なくされ、煮え湯を飲まされた国際オリンピック委員会は、ソチ以降のオリ・パラではＬＧＢＴの権利擁護を重要項目として盛り込むことを決めた。

こうして、東京２０２０は、レインボー強化イベントと化した。

「調達コード」がもたらしたのは、ＬＧＢＴに関する研修ニーズの増加である。

ＬＧＢＴに関する企業からのダイバーシティ研修依頼**はバブルのように増えて、雨後のタケノコのように、研修講師や団体が増えていった。

なかには２０２０年に向けて、検定ビジネスを打ちだす団体も登場しはじめた。

日本セクシュアルマイノリティ協会がはじめた「ＬＧＢＴ検定」は、４万２９８４円（税込）という検定料の高さと、大きすぎる団体名（なのに誰も知らないこと）が当時話題をよんだ。

２０１９年秋現在、こちらの認定講師になるには3日間のプログラムに45万６０００円が徴収されるらしいので、やっぱりお値段設定は高めである。

ほかにも「ユニバーサルマナー検定」がＬＧＢＴを扱っていたが、実施団体のホームページでは当初、ＬＧＢＴについて「性に特徴のある人」と説明があり、その後訂正がなされた。広

*２０１６年に発売され、世界中でベストセラーになったエレナ・ファヴィッリほか著『世界を変えた１００人の女の子の物語』（日本語訳は河出書房新社、２０１８年）も、トランスジェンダーの女性がひとり含まれていたことから、ロシア版では99人分しか収録されていない。

**多様なバックグラウンドを持つ人々を積極的に活用しようとする取り組みが、近年企業などで進んでいる。

辞苑第7版のほうが、もう少し丁寧だったんじゃないか。

このような検定の背景にある、だれかにお墨付きを与えてほしい、という心理自体はわからなくはない。ただ、微妙な検定によって、微妙な人たちが「検定もっているから理解者です」などとドヤ顔をするなら、それは悪夢としかいいようがない。

なので、東京2020が浮き彫りにしたのは、日本でいかに質の高いダイバーシティ・トレーニングを定着させることができるか、という問いでもあった。

この話をトロントに住む友人のキャシー*にしたら「カナダだと良質で安価な研修のコンテンツがたくさんあるから、そのような事態は起きない」と教えてくれた。彼が送ってくれたリンクのひとつ「レインボー・ヘルス・オンタリオ」のウェブサイトをみると医療関係者に向けた無料のオンライン研修コンテンツとして、次のようなQ＆Aが紹介されていた。

質問：ＬＧＢＴＱ女性**と接するベストな方法とは、自分の偏見は脇に置いておいて、その人を他の患者とまったく同じように扱おうとすることである。◯（マル）か×（バツ）か？

答え：×（バツ）。多くの人はジェンダーや性的指向について偏見を持っていて、それをないことにするなど不可能です。むしろ、偏見があることや、偏見があなたの患者と接する際にどのような影響を及ぼすのかについて自覚しましょう。

同じくプログラムと言っても、無くなることのない偏見の自覚こそが重要だというメッセージは、大金をもらって誰かに権威を与えることとは対極的だった。

女子大学がトランスジェンダーの受け入れへ

2018年7月、お茶の水女子大学がトランスジェンダー女性を受け入れる方針を明らかにした。あえて書けば女子校に新しく男性が入れるようになったのではなく、女子校にすべての女性が入れるようになったという「だけ」の話で、おそらく該当者が年間数人いるかいないかであろうといった「だけ」の話なのだが、メディアではこの話が大きくとりあげられ、注目された。

産経新聞は同年7月13日付の社説で、「誤ったジェンダーフリー（性差否定）教育につなが

＊キャシーとはポッドキャスト上でインターネットラジオ「にじいろ交差点」を配信していた。ご興味のある方はぜひポッドキャスト内で検索してみてください。

＊＊Q＝クィア（queer、変わっている、奇妙な人、オカマ）の略称。もともとは侮蔑語だったが、現在は性的少数者全体を表す言葉として肯定的に当事者が使っている。

ることも心配だ」として、「少数者の尊重が、男らしさや女らしさの否定につながっては、女子大の歴史的な存在意義も失われよう」と主張。見出しは「男女の否定につなげるな」だった。

どうやらデスク的には面白くなかったらしい。

でも別に女子大が女子大であることをやめたわけじゃない。世の中にはすでに女性として暮らす、生まれたときには男性だった人たちもいるのだ。男性として生まれた女子生徒で、小学校、中学校、高校と女子として受け入れられている人たちもいる。

その子たちが大学を選ぶときに、お茶の水女子大学（そもそもジェンダーについて学べることで有名だ）を素敵だなと思い、そこで勉強したいな、と思って受験する、ということは別に不思議なことではない。

これまでは受験できなかった女子生徒に、女子校が門戸をひろげただけなのだ。

そもそも大学関係者以外の人たちにとって、ひとりの学生がどこで勉強するかなんて他人事でしかないだろうし、当該の大学に通う学生たちは、今回の決定を歓迎しているのだから、世の中がさわぐことではない。

大体いつでもそうだ。トランスジェンダーを知らない人ほど眉をしかめてあれこれ言うが、その横ですでにトランスたちはひっそりと暮らし、「ト、ラ、ン、ス、ジ、ェ、ン、ダ、ー、な、ん、て、人、た、ち、が、新、た、に出現したら、トイレはいったいどうすればいいのだ」なんて思考実験をしている人たちの横で、トイレでしれっと用を足している。

まぎれていて、なじんでいて、問題にもなっていないのに、見つけ出して「男女の否定だ」とさわぎはじめる。女性として生きている人が、女子大学に入学する資格をゲットすることが、そんなに大げさな話なんだろうか。

私自身はトランスジェンダー男性で、中学・高校をうっかり女子校で過ごすハメになってしまった人間である。そんな女子校出身者として証言できることは、日本中の女子校には同性カップルがいるし、卒業後に男性として生きている人も結構いたということだ。

すでに女子校には多様性が存在してきた。今に始まった話じゃない。

トランス女性を受け入れる今回の決定に際しては、もちろん大学側は勇気がいっただろうし、合意形成のために、たくさんの時間を費やしてきたのだろう。でも、女性のための大学には、これまでも様々な国籍や民族、体の状態、性的指向の学生がいただろうし、そもそも私みたいなトランス男子もいただろう。多様性の尊重はこれまでも課題だったにちがいない。

共学での女子は、男子と対になって語られる「女子」であることを、私は女子校を卒業した後になって知った。女子校の女子は、ただの人間だった。女子校では生徒会長も、重い荷物を運ぶのも女子だったし、クラスで一番イケメンだったのも女子だった。前著の『オレは絶対にワタシじゃない　トランスジェンダー逆襲の記』（はるか書房、２０１８年）でも詳しく書いたが、うちの母校には「週刊プレイボーイ」を教室でのんびりながめる女子も、通学電車でいつも握力グリップをにぎりしめている体操部の女子もいた。女子校の生徒は、笑うときには、思いっきり手をたたいて笑う。彼女たちは、我が道を行くただの人間だから。

「女子校とはかくあるべき」という、男性だらけの産経新聞デスクからの決めつけや、女はこうあるべしという社会のファンタジーから独立するために女子校は存在する。女子校とは、自分たちの存在意義を自分たちで決められる学校である。トランス女性が、他の学校では性別を理由にのびのび勉強できないと考えたとき、単に「人間」になれる女子校を選ぶなら、それこそ女子校に求められてきた歴史的役割ではないだろうか。

自分たちの手で、トランス女性にも門戸を広げ、21世紀に即した女子校のあり方を提示したお茶の水女子大学は、すごく女子校的だと思う。大げさな話だとは思わないと先ほど書いたものの、小さな拍手を送りたい。

なお、「よーし、今から受験勉強に挑戦して、2020年にお茶の水女子大学に入学を目指すぞ!」とツイートした作家の百田尚樹さんに対しては、女子校に行けばモテるのかといえば、女子たちも人間を見ているのでなんともいえない、という女子校出身男子からのアドバイスをしておきたい。色恋の数が「永遠のゼロ」と言うこともありえる。

電通過労死事件とスーツの男たち

いくつものビジネス雑誌が「ＬＧＢＴ市場」の特集を組み、東京オリ・パラに向けて企業研修のニーズがぐんぐん高まっている中で、ＬＧＢＴと職場環境について考える「ｗｏｒｋ ｗｉｔｈ Ｐｒｉｄｅ」という企業向けイベントがここ数年毎年秋に開催されている。

その記念すべき第１回が２０１６年秋に開かれたとき、ＬＧＢＴの働きやすい職場を表彰する「ゴールド賞」を受賞した企業のひとつに「電通」が含まれていたことに、少なからず衝撃を受けた。そのとき電通といえば、新入社員だった高橋まつりさんが長時間労働とセクハラ・パワハラの末に過労自殺したことが連日ニュースでもちきりだった。

「君の残業時間の20時間は会社にとって無駄」「髪ボサボサ、目が充血したまま出勤するな」「今の業務量で辛いのはキャパがなさすぎる」

亡くなる2カ月前に、高橋まつりさんがツイッターに書きこんだ上司のセリフだ。

それに対し「充血もだめなの？」と彼女はコメントを添えている。

電通で若手社員が過労自殺するのは今回が初めてではなく、高橋まつりさんの件をうけて、電通は、厚生労働省が子育てしながら働きやすい企業に付与している「くるみん認定」をその時期返上していた。「ｗｏｒｋ ｗｉｔｈ Ｐｒｉｄｅ」にも同じような機転が働けばよかったのに「ＬＧＢＴも働きやすいブラック企業」という、笑えない受賞になってしまった。

高橋まつりさんの事件を知った翌日、私は「ＬＧＢＴと職場」をテーマに女子大で話をすることになっていた。

昨今の女子学生は、ＬＧＢＴなど多様な性について好意的にとらえる人が多く「ＬＧＢＴは、ずっと知りたいテーマだった」「自分の友達にもバイセクシュアルの子がいる」などと、たくさんのフィードバックをくれる。

その日も彼女たちはまっすぐに、ＬＧＢＴも安心して働ける職場についてディスカッションし、自分たちにできることが何かを考えてくれた。

そんな目の前にたくさん集まった女子学生たちを見ると、どうにも胸が詰まってしまった。他ならぬ彼女たちこそ、職場の中でずっと守られてこなかったマイノリティだったのだ。自分の言葉で感受性豊かな感想を書いてくれるこの子たちを待っているのは、オーソドックスな性差別さえロクに解決できない社会だ。若者や女性に対するパワハラ、セクハラはどこにでも蔓延していて、今日もどこかで、高橋まつりさんのような若者が残業をしながら職場で朝を迎える。

でも、ＬＧＢＴのために心をくだく若い女性はたくさんいても、若い女性の権利のために心をくだくＬＧＢＴの姿はどこにあっただろうか。

なぜＬＧＢＴのムーブメントは、電通に「ゴールド賞」をあげて平気でいるんだろうか。せめて誠実な姿勢をみせることは、運動の大義名分を保つためにも必要だったのではないか。

そんな感傷をさしおいて、企業と組んだダイバーシティの運動は進んでいく。

たくさんの企業に賞をあげたほうが、ダイバーシティ施策に着手するためのモチベーションにつながるという目論見が、背景にあったのだろう。初年度「ｗｏｒｋ ｗｉｔｈ Ｐｒｉｄｅ」がゴールド賞を出したのは全部で53の企業や企業グループ、団体だった。トランスジェンダーが安心して働ける職場、レズビアンが女性差別にあわずに済む職場が実際そんなにあるもんか、と思ったが、翌年になるとゴールド賞をもらったのは87社に増えた。

あのライバル企業もやっているのだから、自分の企業もやりましょう。何十社もやっているのだから、ウチも出遅れちゃだめですよ。そんな論理は、たしかに賢いやり方なのかもしれないけれど「ＬＧＢＴにも働きやすい」「ＬＧＢＴフレンドリー」という考え方は、いつからか企業に花を持たせるためのものに値下げられているのではないかと思った。

働きやすさというのは、働いているナマの人間が実感から口にできる言葉でなかったか。

「ｗｏｒｋ ｗｉｔｈ Ｐｒｉｄｅ ２０１６」の会場には、「エリート・ゲイ」とのロゴが入った一流企業で働くスーツ姿のゲイ男性たちのポートレイトが飾られる予定だったが、急きょ取りやめになった。その写真は女性たちやトランスジェンダー、エリートでもホワイトカラーでもない人たちを無化しているし、神経を逆なでするようにしか見えなかった。スーツを着たゲイ男性の集合写真は「男に見えれば、やっていける」と暗にほのめかしているようだった。ゲイ男性は異性愛男性に比べたらたしかに性的指向の面ではマイノリティだが、男性であるという面では女性に比べると優位なポジションにいる。

性的指向による差別をなくすより、性差別をなくすことのほうがよっぽど難しいのではないかと、筆者はときどき思うのだ。

「同性婚訴訟」と、権利ではない方の結婚の話

２０１９年2月14日。バレンタインデーに13組の同性カップルがいっせいに訴訟を起こした。メディアでは「同性婚訴訟」と報じられているが、本人たちの言葉を使うと「結婚の自由を

すべての人に訴訟」である。略して「けじすべ」と呼んでいる人もいる。アニメの「けいおん！」みたいな感じで、ひらがな4文字だと覚えやすいんじゃないかとのアイデアに由来するそうだが、果たしてどうだろう。

「同性婚（ゲイ・マリッジ）という言葉は、使わないな」と話していたのは、以前ニューヨークで出会った「マリッジ・イクオリティ（婚姻の平等）」という団体のスタッフだ。

「ぼくらは別に、ゲイ・ランチして、ゲイ・ショッピングしないでしょ。昼ごはんを食べて、買い物をする。結婚にわざわざゲイをつけるのは、結婚が異性間でするものだという価値観が前提にあるんじゃないの」

同じ話を、台湾で活動しているレズビアンからも聞いた。同性婚と表現すると、なにか特別な人たちが求めている特別なこと、というニュアンスが出てくるけれど「好きな人たちどうしがみんな結婚できるように」と話せば、なるほど、そもそも結婚できない恋人どうしがいることと自体が不公平だよね、と支持してくれる人が多いそうだ。

トランスジェンダーの私にとっても「同性婚訴訟」よりは「けじすべ」のほうが耳になじみやすい。私の戸籍の性別は女性で、パートナーも女性だ。私たちは自分たちのことを同性カップルだとは思っていないが、今の日本では結婚することができない。

「けじすべ」が実現すれば、自分たちのことを同性カップルだとは認識していない私たちのようなトランスジェンダーたちも、制度の恩恵にあずかることができる。つまり、まったくもって他人事ではない話なのだ。

提訴の日、ニュースは「けじすべ」の話題でもちきりだった。

原告のひとりである大江千東(ちづか)さんが東京地裁に向かって歩いているのをニュースで見つけると、よく知っている親戚のおばちゃんが頑張っているような気持ちにもなった。

大江さんは、50代後半になるレズビアンの方で、以前パートナーとふたりでメディアの取材を受け「レズビアンはその辺にいるおばちゃんなんだと知ってほしい」と答えていたが*、直接関わりのある者としては、親しみをこめて「親戚の」と補足したくなるようなオーラがにじみでているのである。

親戚のおばちゃんが、東京地裁でがんばっている！

なんとなく大江さんよりは長生きし、後の世代のひとりとして権利をエンジョイしなくてはいけないような使命感に駆られた。

だが、冷静に考えてみたら、別に自分はそんなに結婚したいタイプの人間ではないようにも思えた。

「結婚、ねえ……」

結婚をめぐる感じ方は、人それぞれ、いろいろあるものだ。

ふりかえれば数年前まで、自分の周りの友達はガンガン結婚していった。だいたいご祝儀で3万円を包まなくてはいけない。自分が結婚できないのにカネを取られる仕組みに納得がいかず、あるいは性別で区分された「ちゃんとした格好」が苦手であるという理由で、とても親しい人たちの結婚式にしか自分は出席してこなかった。

はじめて結婚式に出席したときには「ブーケトス」に困惑した。花嫁の投げたブーケを受け取ったものが次に結婚できる、というアナウンスがあり、空気を読んでみんなでブーケの奪い合いを行うしきたりとなっているようだったが、「みんなが結婚したがっている」という前提が、なかなか意味不明だったのである。

そんな私は、数年前に友人の結婚式で、初恋の相手と10年ぶりに再会した。小麦色の肌の美しい少女だった彼女は、なぜか上野千鶴子っぽい見た目になっていて、婚姻制度の悪口を言っていた。話しぶりが面白かったので、めっちゃ笑った。みんな結婚しなかったらいいのになぁとそのときは思った。

かつて交際していた元カノが、自分と別れた直後にシスジェンダーの男性と結婚したことがあり、ムカつき落ち込んだこともある。

＊ハフポスト「レズビアンは普通にいる〝おばちゃん〟25年寄り添ってきた同性カップルが、パートナーシップ宣誓した理由」（２０１８年９月８日）https://www.huffingtonpost.jp/2018/09/06/nakano-partnership_a_23519586/

そのときも「自分が代わりに結婚したかったのか」といえば微妙で、むしろ結婚なんていうカードがこの世になければいいのにと思ったのを覚えている。この感覚はなんなんだろう。単に、自分の好きな人たちが永遠に自分のものじゃなくなるみたいなことが嫌なのだろうか。ああオレはそんなにキモい何かを拗らせていたのだろうか。だんだんわからなくなってきた。

話をもどせば、「けじすべ」訴訟が問うているのは法的な平等の話である。

法律上異性カップルであれば認められるはずのものが、そうでない場合には認められないのは、憲法が定める「法の下の平等」に矛盾している。今の日本では、法律上同性のカップルは、相続や医療現場での扱いなど、多くの局面で「家族」とみなされないための不利益を味わっていて、これは放っておけない状況だ。20年、30年と一緒に暮らしても、パートナーが倒れて意識不明になったら、病状の説明さえまともに受けられないのが今の日本の現状なのだから。恋愛観やパートナーシップ観はいろいろでも、性別によって得られる権利が変わってきてしまう現状は変えたほうがいいし、なんとかしたい。

その上で、私はぼんやりと夢想している。

「恋人になろう」「家族になろう」と言われると、とてつもなくうれしく、新しく居場所が見つかったような気がする自分。好きな人が誘うことなら南極越冬隊でも参加したくなるような衝動を覚えて（ちなみにペンギンは好きだ）、お互いが無理をしてしまうこともときどきある私たち。

だからこそ、好きな人を大切にしたり、おめでとうって言ってもらえたりする方法が、他にもたくさんあるといいなあ、と。*

手術しましょう、と法律はささやいている

「就活の前にあわせて、オペ予約したんですよ」

そう電話口で語るのは、20代前半のトランスジェンダー男性だ。

男性ホルモン注射を定期的に投与した彼は、声はハスキーで、筋トレをかかさないこともあって、かなりマッチョな体型をしている。

街で彼をみかけたとき、100人中100人が、彼を男性と認識するだろう。

それでも、彼の戸籍は「女性」だ。戸籍の性別変更の要件として、性腺の摘出をともなう性

*ちなみに、選択的夫婦別姓についても早く実現してほしい。いわゆる同性婚が、異性間で結婚したい人たちの権利を1ミリも侵害しないのと同じように、別姓を選びたい人が同姓が良い人の権利を侵害することはないのだから、好きな生き方を各々が選べるようになってほしい。

別適合手術を受けることが「性同一性障害特例法」には定められている。

その人のからだに卵巣があるかどうかなんて、傍から見たら分からない。本人にとっても、見たことも触ったこともない内臓である。

でも、その小さな器官の有無によって、彼の就活は大きく左右されてしまう。男性として働きたい彼がリクルートスーツを来て、しかし戸籍上の性別が「女」のままだと、面接にいく先々で苦労することが予想されるからだ。

履歴書の性別欄に、もし「女」と記入したなら、面接官は「どういうことですか」と質問をするだろうし、面接時間15分のうちの大半を、自身の性別について説明することで使い果たしてしまう可能性が出てくる。

逆に、面接のときには事情を明かさず、無事に内定にたどりついたとしても、今度は書類提出の段階で戸籍の性別は先方に伝わってしまう。昨今では理解のある企業も増えてきているが、事情を知っていやがらせをしてくる企業もないわけではない。そもそも、自認する性別に沿って「男」と記入するのはいけないことだ、と当事者自身が思い込んでいる場合もある。

このような事情から「就活にあわせて手術をして、性別変更をしないと、自分は仕事につけない」と考える若者は少なからずいて、彼らに手術をあっせんするためのビジネスも存在している。保険が事実上適用されないために百万円単位でお金がかかる、大変な手術だ。日本国内では受け皿となる医療機関が少なく、当事者の多くは安価かつ経験豊富なタイに渡航して手術を受ける。２００３年に「性同一性障害特例法」が成立したときには、予想されていなかったであろう現状だ。

もともと法律ができたときには、トランスジェンダーたちは、あくまで自分の身体に対する違和感や嫌悪感を解消するために、経済的にも肉体的にも負担の大きい性別適合手術を選択するのだと考えられていた。

それが、いまではトランスジェンダーの中でも、身体的嫌悪感がそこまで強くない人たちでも、とにかく戸籍の性別が変わらないと不都合が生じるという理由で、手術を希望するようになった。よもや、法的な性別変更を目的として、いわば「法律に身体をあわせるために」手術をする人たちが現れてくることを、当初はだれも予想していなかったのだろう。

就職活動の前に、性別変更しておきたいから。あるいは、愛するパートナーと生きていくにあたり、戸籍上同性のカップルだと今の日本では結婚できないから。

これは、医療のあり方としては、かなりビミョウであると言わざるをえない。

「彼女の母親から、『戸籍の性別を変える予定はないのかと聞かれちゃったよ』」

友人のトランスジェンダー男性が、困ったなあという風に話していた。法律のために身体を変えるなんてくやしいし、手術をしたことで更年期障害や骨がもろくなるなどの副作用があったとしても、だれかが責任をとってくれるわけでもない。
　彼はけっきょく恋人と別れることになってしまった。

　２０１９年、最高裁で「性同一性障害特例法」の手術要件の違憲性をめぐる決定がくだされた。訴えていたのは、トランスジェンダー男性の臼井崇来人（たかきーと）さんで、パートナーの女性と結婚できないことや、自分が「断種」しないと男性に性別変更できないことはおかしいのではないかと投げかけていた。

　最高裁の決定は「手術要件」自体は現時点で「合憲」とみなしつつも「性同一性障害者によっては、上記手術まで望まないのに当該審判を受けるためやむなく上記手術を受けることもあり得る」との現状を認めた上で、手術を選択する以外に「切実ともいうべき重要な法的利益」に当事者がアクセスできないことの課題を指摘した。「手術要件」の憲法適合性については「不断の検討」が必要という踏み込んだ表現も用いられた。

　日本の「性同一性障害特例法」は、手術要件の他にも、現在結婚している人はダメ（同性婚状況となってしまうため）、未成年の子どもがいる場合はダメ、など、性別変更のためのさまざまな要件を設けている。

　一方、欧米圏では「手術要件」は事実上の強制断種ではないか、との批判が高まっていて、世界保健機関も日本政府に対して、トランスジェンダーに手術を強いるような法制度はあらためるよう勧告を出している。*

私たちは日頃パンツの中身をみて、目の前の人の性別をジャッジしているわけではない。しかし、日本の法律はパンツの中身を確認し、だれと結婚できるかできないか、トランスジェンダーが子どもを育てるのは良いことか悪いことか、といった介入をしてくる。

そんな社会で、戸籍の性別変更をする予定のない私は、それでも職場では「彼」と呼ばれ、希望する服装で勤務できている。

「戸籍を変えなくても、希望する性別で就職している人はいるよ。うまくやれている人を紹介できるけど、興味はあるかい」**

就活をひかえた若者からの電話に、私はこう応じた。

＊「強制・強要された、または不本意な断種手術の廃絶を求める共同声明（'Eliminating forced, coercive and otherwise involuntary sterilization - An interagency statement'）」（２０１４年5月30日）
＊＊２０１８年のＧＩＤ（性同一性障害）全国交流会誌によせた特集「トランスジェンダーとしごと」はウェブ上でも読める。https://note.mu/trans_obake/n/n8da39dae1d1c

コラム　ＬＧＢＴ報道の傾向と対策

近年ＬＧＢＴをめぐるニュースが増える中、「報道する側が実はよくわかっていなかった」「誤解をまねく見出しをつけてしまった」などの問題が、少しずつ報道機関の内部で共有されるようになってきた。

筆者は有志の記者たちと、過去に何度か、プロ野球の「好プレー・珍プレー」ならぬ新聞報道のふりかえりをする勉強会を行ったことがある。良かった記事と、これはどうよという記事をそれぞれ集めてディスカッションするもので、簡単に答えが出るものばかりではないが、とても良い試みだと思っている。

そこで、このコラムでは、メディア報道がおかしがちな「傾向」と、読者はこのような視点で観たら良いのではないか、という「対策」をいくつかご紹介してみたい。

①ステレオタイプは量産されやすい

私も経験したことがあるが、トランスジェンダー男性は「男らしいと思われるエピソード」、トランスジェンダー女性は「女らしいと思われるエピソード」しか記事で紹介されにくい。子ども時代にどのような遊びをしましたか、と聞かれたときに、たとえ私が「みなさんはいかがでしたか？　子どものときサッカーが好きな女の子も、お人形が好きな男の子もいましたよね。トランスジェンダー男性だからといって、みんなが男っぽい遊びが好きというわけではなくて、だけど自分はサッカーが好きでした」と答えても、紙面上では「前略・サッカー」になりがちだ。

記者が誘導してくる場合もある。トランスジェンダー女性の知人は、テレビカメラの取材が入った際に「お化粧や料理をしているシーンを撮らせてくれないか」と尋ねられたそうだ。女性らしさのステレオタイプを再生産するだけじゃないか、と思った彼女はお気に入りのバイクにまたがった姿を収録させたそうだ。カッコイイ。

②間違った性別の連呼、教えてあげて

トランスジェンダー男性が、性別への違和感や職場の無理解を苦に自殺してしまった事件があった。その際、新聞には「亡くなった女性は」「女性の職場は」と、その人の戸籍上の性別を自動的にあてはめた性別が列挙され、結局のところ、亡くなった方の尊厳を損ねているような記事になってしまった。

「その男性は、女性の更衣室を使えるように求めて……」などの記事もときどき目にするが、メディアが率先して間違った性別を連呼することで、結局トランスジェンダーは身体の性別こそが「本当の性別」なんだというメッセージを、メディアは無自覚に発信してしまうことになる。

このような場合は「会社員は」とか「〇〇さんは」など、他にどのような表現ができるのかを考えた報道がのぞましい。書いている記者さんやデスクには悪気が無く、単に気が付いていないだけということもあるので、このような報道を見かけたら、新聞社やテレビにはメールや電話で教えてあげよう。

③ひとくくりに「LGBT」、誤解をまねくことも

〝LGBT向けの衣料品店ができた〟との報道が、蓋をあけてみたら、トランスジェンダー男性向けの胸をしめつける下着のことだけを示していたことがある。同じように、LGBT向けのトイレという見出しで、困っているのはトランスジェンダーばかりだったという話がある。一般に、トランスジェンダーではないゲイやレズビアンは、そもそも性別違和はないのだから、下着や男女別トイレに苦悩することはない（見た目がすごくボーイッシュなレズビアンは、女子トイレでしばしば周囲に呼びとめられるが）。

LGBTというフレーズは便利だし、最近では浸透してきているので見出しにも使いやすいのかもしれないが「それってレズビアンは関係あるの?」「それってトランスジェンダーだけの話じゃないの?」というアンテナを頭のどこかに一本立てておいたほうがいい。

④実名報道は、ときに悩ましい

事件報道では、加害者も被害者も実名を報じられることが一般的だ。

ただ、同性カップル間で発生したDV(ドメスティック・バイオレンス)殺人事件などは、殺されてしまった方が「同性愛者であったこと」が本人の意図とは別に世間にさらされるという意味で、メディアによるアウティング*が起きてしまう問題がある。

同性間でもDVは発生しており、その支援体制は異性間で発生するDVよりもずっと乏しいので、このような事件が起きたことを報じること自体は、公共の利益にはかなっていると思われる。DVであったことは報じつつ、被害者のプライバシーを守ることは、現実的な対応として考えてもよいのかもしれない。

そもそも、起きていたのが異性間DVだったとしても、通常殺された側の遺族は本人が実名で報道されることや、プライバシーが暴かれることについて、できれば勘弁願いたいと考えている人も多い。

*本人の同意なく、個人の性的指向や性自認について第三者が暴露すること。

一方、被害者の実名が公表されなかった例としては、前述の相模原障害者施設殺傷事件があげられるが、知的障害者やその家族への差別や偏見がつよい、という理由で詳細が報じられなかったことは、亡くなった方たちへの共感を薄め、知的障害者の置かれた状況に対する人々の無関心を助長するはたらきもしていたかもしれない。みなさんはどう思われるだろうか。

第2章 トランスジェンダーとフェミニズム

「間違った性別のせい」を疑え

「間違った性別で生まれたせいで、大変なんだよね」

トランスジェンダーの私が、これまで人生の中で、ずっと聴き続けてきたフレーズだ。おそらく半分は正しく、残り半分は間違っているんじゃないかと思う。

私自身、幼い頃からいろいろとドラマはあった。

物心ついた頃に「リカちゃん人形」を好きでしょう、と知り合いから押し付けられそうになった事件がある。好きでもない人形をホラホラと押し付けてくる大人が怖かったので、それ以降の私は、おもちゃ屋さんの人形コーナーの前をいつも走り抜ける子どもになった。

いまだに手足のすらりとした人形がニガテだ。

3歳の七五三では、女の子の着物がイヤで号泣しまくり、マンションの隣人が心配してのぞきにくるほどだった。

小学校にあがると、男の子は「ぼく」、女の子は「わたし」と書かなくてはいけない作文の時間で、どうしても「わたし」と書くのが気持ち悪すぎて、鉛筆のおしりを歯でがじがじと噛んでいた。

このあたりの話は、前著の『オレは絶対にワタシじゃない　トランスジェンダー逆襲の記』にも書いたので、関心のある読者の方はぜひ手に取っていただけるとうれしい。

成長につれ違和感はどんどん大きくなった。決定的だったのは、自分のからだとの折り合いの悪さだ。中学生の頃には、勝手に成長する胸が、得体のしれない寄生生物のように思えて、とにかく気持ち悪くてたまらなかった。運動をするのにも、肩掛けカバンを使うのにも、どうすれば胸が目立たないだろうかと創意工夫をこらし、巨大なイソギンチャクにまとわりつかれている感じに四六時中苦しんでいた。

そんな自分が高校に進学してようやく見つけた言葉が「トランスジェンダー」だった。2000年代半ば、学校では多様な性について教えてもらえなかったので、インターネットを駆使して、はじめて様々な情報を手に入れることができた。

トランスジェンダーとは、生物学的な性と、性自認が一致していない人のことだ。

家族共用のパソコンを、夜な夜なこっそりと使いながら、それはもう夢中になって当事者たちのホームページや日記を読み漁った。

「間違った性別で生まれたせいで、大変なんだよね」

たくさんの書き込みが、そう、いっせいに語っていた。

こうして私は、自分の置かれた状況に、はじめて言葉をあてがうことができた。なるほど「間違った性別で生まれたせい」なんだ。

だったら男として生きれば「正解」なんだろう。

毎日苦痛にちぎれそうになりながらセーラー服を着る、という、あまりに冴えない高校生活を終えた頃、私は胸にあたためていた「マル秘計画」を決行した。

これまでの自分を知らない人たちと出会って、男として接してもらえれば、人生のいろんなことが解決するにちがいないと思ったのだ。

「マル秘計画」の流れは、以下の通り。

㈠ 新宿楽器屋に向かい、壁に貼ってあった「バンドメンバー募集」の紙をもぎる。

㈡ 「はじめまして。エレキギター歴6年でバンドメンバーに興味ある男です」とメールする。

㈢ 楽器屋で待ち合わせをし、バンドメンバーにいれてもらう。

㈣ 男としての新しい人生がはじまる。めでたし、めでたし。

私は「バンドメンバー募集」の紙をもぎり、書かれたアドレスにメールした。待ち合わせ場所に現れたバンドマンは「遠藤くんは、声がたかいね！」なんて言いながら、アイスコーヒーをふたつ注文し、制作中の音源を渡してくれた。

アイスコーヒーを飲んだ経験もロクにない18歳は、見よう見まねでガムシロップを黒い液体の中に投下して、ぐるぐるとかき混ぜた。すべては、ここから上手くいくはずだった。

セーラー服から解放され、メンズの服を着て、「彼」と呼ばれ、そこまでは正解だった。しかし、社会のなかで男性として扱われることについて、意外なことに、だんだん「戸惑い」が出てきた。

男扱いされることへの違和感というよりは、自分が男性とみなされているときと、女性とみなされるときで「あまりにも扱われ方がちがう」ことに、簡潔にいえば「ひいてしまった」のだ。

それまで女だと思われているときには「やめなさい」とか「おかしい」と言われていたことの多くが、男だと解釈されるようになると、OKになった。

自分のしゃべり方。座るときに、ひざをそろえないこと。歩き方や、かばんの持ち方。

髪の毛の長さ。服装。好きな女の子のタイプや彼女の有無といった「女性が好き」であることを前提とした会話。

これまでダメと言われたことが、見事なまでにスルーされ、むしろ「望ましいこと」として会話が進んでいく。定食屋で盛られるごはんの量も変わるし、自炊していることを明かすと絶賛されるし、夕飯用に唐揚げまで持たされたりする。

——いったいなんだろうこれは、と思いはじめた。

なぜ、ここまで扱われ方が変わるんだろうか。

「中の人」は変わっていないのに、なんでみんなちがう接し方をするんだろう。

これって手放しで喜んでいいことなんだっけ？

「男扱い、よっしゃ」と喜べないのが、自分の性格のぐずぐずしたところかもしれないが、この違和感で立ち止まれたことは、ものの見方をひろげてくれた。

「トランスジェンダーだから」「自分は男だから」というセリフを、自分がおかしいと言われてきたことを正当化する理由にしたくない、と思うようになったのだ。

自分はたしかにトランスジェンダーだ。

スカートを履けと言われたら苦しかったし、女の子らしくしなさいと言われたら、自分は女じゃないのに、と悔しくてたまらない気持ちになっていた。

でも、別に、おれがトランスジェンダーじゃなかったとしても、女の子だったとしても、自分が好きなようにふるまう権利だってあったんじゃないの。

だれだって自炊をしたら「すごいね」って褒められていいんじゃないの。性別について大変だったことの全部を、自分が「間違った性別」に生まれてきたせいにするのは、たぶん間違っている。そもそも、おれが男だろうが女だろうが、座り方やかばんの持ち方を指図される筋合いはなかったじゃんね、と思いはじめた。

フェミニストのイメージ

自炊をして「遠藤くんすごい」と褒められていた19歳の頃、大学の授業でジェンダー学を取った。

ジェンダーという言葉が、社会的に作られた男らしさや女らしさに関することだ、ぐらいの知識は2006年当時もっていたが、図書館で手に取った本は難しく、正直ちんぷんかんぷんだったので、この授業はとても助かった。

授業は、アフリカ系女性のベル・フックスが書いた『フェミニズムはみんなのもの』（新水社、2003年）を読むもので、この本を翻訳した堀田碧（みどり）先生が担当してくれた。

ベル・フックスは本書で、フェミニズムを「性別による差別や抑圧をなくそうとするすべての運動のこと」と定義しており、男も女もフェミニストになれると書いていた。これまでフェミニストとは女の味方をする女のことだと思っていたけれど、そうではなくて、大切なのは差別や抑圧があるという事実を認めてアンテナを張り、自分にできることはなにかを考え、もっと良い社会を目指そうとすることらしい。面白かったのは作品の中で、アフリカ系女性であるベル・フックスが、裕福な白人女性によるフェミニズム運動を批判していたり、女性だって性差別的になれるということをすっぱり書いていたりしたことだった。

裕福な白人女性たちが「女たちに仕事を」と主張しているとき、労働者階級の女性たちや有色人種の女性たちはとっくに汗水たらして働いていたので、「おいおい私たちは女じゃないのかよ」としらけていたそうだ。女たちとひとくちに言っても、肌の色や性的指向、経済状況などによって経験はぜんぜん異なるので、まとめて語ることはそう簡単ではない。フェミニズムがやがて女性学になって大学で教えられる学問になると、それまでストリートで一生懸命がんばっていたフェミニズム運動のリーダーたちの多くは、高等教育を受けていなかったために締め出されてしまったことも書かれていた。綴られていく複雑な差別の構図は、「そういう現象って自分の身近にもあるかも」とわかりやすかった。

2017年に出版されたチママンダ・ンゴズィ・アディーチェによる『男も女もみんなフェ

ミニストでなきゃ』（くぼたのぞみ訳、河出書房新社）では、作者にとってのフェミニストの鑑は弟であることが書かれている。彼女によるフェミニストの定義は「男性であれ女性であれ、『そう、ジェンダーについては今日だって問題があるよね、だから改善しなきゃね、もっと良くしなきゃ』という人」らしい。彼女もベル・フックスと同じくアフリカ系女性であるところをみると、女性もまた差別的になりえること、差別をなくそうとするのに性別は関係ないことを、黒人女性のほうが実感しやすいのかもしれない。

ともあれ、フェミニストは、実は性別を問わずになることができるらしいのだ。だったら、自分もなれるんじゃないかと思った。

今、欧米圏ではバラク・オバマ前アメリカ大統領やカナダのトルドー首相などが、自分はフェミニストであることを表明している。毎年3月10日の世界女性デーに行われているウィメンズ・マーチでは、「フェミニストってこんな感じ」というプラカードを首からかけたおじいちゃんが参加していたりもして、男性も女性もいろいろな人が自分ごととしてフェミニズム運動をとらえ、参加している様子が見られる。

どこの国でも、フェミニストはこれまでだいたい嫌われてきたし、うるさいやつだと思われてきたし、女性が性差別について口にすると「男と女の闘い」「やっぱり女は怖い」なんて揶揄（やゆ）されがちだったけれど、ジェンダーによる決めつけの問題は性別での対立ではなくて、「なくそうとする人」と「なくしたくない人」の対立なんじゃないだろうか。

なぜかトランスジェンダーとして人生を歩むことになり、間違った性別をあてがわれたことで苦しんできた自分だけれど、遠藤くんとして扱われればすべてＯＫになるとは思えないから「そう、ジェンダーについては今日だって問題があるよね、だから改善しなきゃね、もっと良くしなきゃ」と私は言いたい。

先進国ニッポンのきれいな水

２０１５年の夏。アムネスティ・インターナショナル（世界最大の国際人権ＮＧＯ）の企画で、南アフリカ共和国でＬＧＢＴの権利向上に取り組むファドツァイさんと対談する機会があった。

南アフリカ共和国はとても複雑な国だ。１９９４年にネルソン・マンデラ氏が大統領に選ばれ、永年にわたる人種隔離政策（アパルトヘイト）に終止符が打たれると、世界で一番リベラルな憲法ができたが＊、現実は理想にまったく追いついておらず、人権状況はとても悪い。

そんな南アフリカで「ＬＧＢＴの運動でなにが大変ですか？」とファドツァイさんに尋ねた

とき、返ってきた答えのひとつは「きれいな水がないこと」だった。

「ウォーター？」

思わず聞き返した。水とLGBTと、いったい何が関係あるの？

詳しく事情を尋ねると、きれいな水がないために、アフリカでは各地で女の子たちが遠くまで水を汲みにいき、それで勉強時間が奪われているらしい。

レズビアンも、バイセクシュアルの女性も、トランスジェンダーも、すべからく女の子として生まれた人たちは、水を汲むために教育が受けられないらしいのだ。

蛇口をひねれば水がジャブジャブでてくる日本では、考えてみたこともないことだった。

ひとくちに同性愛者といっても、女性と男性では事情がちがう。ファドツァイさんはLGBTの権利のために闘っているが、そもそも性差別の問題が大変すぎるので、それをなんとかしたいと訴えていた。男性ならひとりでゲイバーに行けても、女性が夜ひとりで外出するのは危険と隣り合わせだ。矯正レイプといって、レズビアンと知られた人が「女が好きなんておかしい」と男たちにレイプされ、ひどい場合には殺される事件も多発している。アパルトヘイト時代の旧黒人居住地で犯罪が多発しているが、警察は黒人のレズビアンが殺されても、まじめに捜査してくれない。

そのため、レズビアンたちは白人のゲイたちが企画したプライドパレードで、犠牲者たちの

＊実は、南アフリカは同性婚が認められているアフリカ唯一の国でもある。

名前を書いたマネキンを連れて歩く。おしゃれなストリートを楽しく歩きたい主催者からは大ひんしゅくだが、彼女たちはへこたれない。

「そういうのは、黒人居住地に帰ってやれよ」

まるでアパルトヘイト時代に戻ったかのようなヤジも飛んでくる。

ＬＧＢＴコミュニティとひとくちに語られることは多いが、性別や人種、収入などによって直面する差別はちがっていて、コミュニティの中で、いつもそれは対立のタネになっている。多様性はいつでも葛藤と一緒にある。

日本では水のためにあくせく働いたりしないが、やっぱりゲイとレズビアンではおかれた状況はちがっている。

「食べていくためにレズビアンだが男性と結婚する」という話を、私は何度か聞いたことがある。30代まで女性どうし暮らしてきたが、もうだめだ。非正規雇用で給料が安く、食っていけない。貯金がない。このまま歳をとっていくのが怖すぎる。「いつまで独身でいるんだ」という周りの目も痛すぎる。そんな理由で、長年一緒に暮らした彼女が男性と結婚して自分を残して出ていっちゃった、という悲惨な話だ。

日本の女性の平均賃金は男性の７割程度。* カネがないことは、いろいろな意味で人間の思考から余裕を奪ってしまう。よくＬＧＢＴは「男・女以外の、第３のグループ」であると誤解されがちだが、ＬＧＢＴもまた社会的な男女の枠組みの中で、性差別と葛藤しながら暮らしている集団にすぎない。

結婚して一人前という風潮は男性にとってもしんどい。

「ぼくはゲイだけど長男で、先祖から伝わる裏山を継がないといけないんですよ」と悲痛な声で語る10代の少年と出会ったことがある。

裏山よりあんたの人生のほうが重要だ、と伝えたけれど、結婚プレッシャーは文字どおり山のようにそびえたっているらしかった。

ファドツァイさんの語った「ウォーター」は、日本では山だったり、通帳の貯金残高だったり、給料明細だったりするんだろう。

性別欄をどう設けるか

先日ツイッター上で、「男・女・ＬＧＢＴ」という性別欄が設けられている病院の問診票が話題になっていた。きっと性別欄を作った人は、まったくの善意でやったのだろう。性別は男

＊２０１８年賃金構造基本統計調査（厚生労働省）より。

と女の2種類だけじゃないよね、と気が付いて、第3の選択肢を作るところまで思いついた。

でも、レズビアンは女だし、ゲイは男だ。トランスジェンダーの中にも、トランス男性やトランス女性がいて、それぞれ自分を男、女と自認している。

自分を男性・女性のどちらでもないと自認するタイプの人たち（Xジェンダーと呼んだりする）は第3の選択肢を歓迎するかもしれない。そう考えると、第3の選択肢は「その他」とか、自由記述にするとかが無難だったのではないかと思う。

また、そもそも問診票の性別が、患者さんの疾患に関して情報を得るためのものだったならば、アイデンティティを問うのではなく、あくまで生物学的な性別を記入してもらうのがよかったかもしれない。

性別欄の設け方というのは、意外と脳みそを使うものだ。

最初に考えてほしいのは「本当にその性別欄が必要かどうか」だ。

筆者の自宅から徒歩3分のところにある公民館は、卓球のラケットを借りるのに、なぜか性別を申請させる。しかも60歳以上、小学生、男性、女性という選択肢に丸をさせるので、そもそもロジカルにできていない。

卓球のラケットなら借りなくても困らないが、投票の際の本人確認に性別欄を設けている自治体もある。そうすると、投票に行く際にトランスジェンダーの人たちはトラブルに巻き込まれる。
「ご本人ですか？　え、女？」
「ご近所のあの人、本当は男なんだって？」
なんて奇異の視線にさらされて、参政権を行使することもままならなくなる。
自治体によっては本人確認に性別を使っていないので、全国一律で性別欄は撤廃しても良いのではないかと思うが、自治体の裁量に任されているので、選挙のたびにこの手のトラブルの話を聞く。

昨今は、自治体職員の採用試験や高校受験の願書で性別欄が廃止されつつある。男だから採る、女だから採るということが許されない以上、もとから把握しなくてよい個人情報だ。だったら収集しないのがいいだろう。いらない性別欄は作らない、以上、という考え方が、もっといろいろなところに広まってほしい。

その上で、じゃあ性別欄が必要だ、となった場合には、どうしたらいいだろうか。

本人のアイデンティティを尊重する上では、「男・女・その他（　　）／無回答」あたりが最良の策ではないかと思うが、場合によっては、本人のアイデンティティではなく、出生時の性別を尋ねたり、現在の書類上の性別を尋ねたりすることが必要なこともある。

日本中の居酒屋のトイレにポスターが貼ってある「世界一周の船旅」の資料請求ハガキには、

よくよく見ると「戸籍上の性別をお選びください。性別に関して説明が必要な方はお気軽にご相談ください。女性・男性」との文言がプリントされている。旅行の都合上、パスポートの性別は正確に把握したいが、多様性にも配慮したいということだろう。この聞き方は、理にかなっているし、どの性別を書けばいいか分かりやすいところがいい。

情報収集をとにかく正確にやるぞ、という意気込みがすごかったのは、知人に見せてもらったニューヨークの病院の問診票だ。

ここでは性別欄は4つの項目にわかれていて、⑴出生時の性別　⑵現在暮らしている性別　⑶自認する性別　⑷法律上の性別　のそれぞれを、すべての患者に答えさせている。背景のわからない人にとっては「なんじゃこれ」と思う質問かもしれないが、これだけの情報がないと行き違いが生じると、病院は考えたのだろう。

「あなたの性別は?」「女」と答えたトランス女性は、前立腺由来の疾患を抱えているかもしれない。

「あなたの性別は?」「男」と生物学どおりに答えたトランス女性は、日頃は女性として暮らしていて、男性の大部屋に入れられるのは勘弁願いたいと思っているかもしれない。

法律上の性別が分からないと、正確に使えない制度がある。

4連続の性別欄を配り、シスジェンダーの人々に4連続で男だの女だのを回答してもらい

「なんじゃこれ」と思ってもらうことも、たまには良いんじゃないか。

「性同一性障害」は結局ビョーキなのか？

「あたしのオカマは病気です‼　同じ悩みの方は病気とか言われて嫌な気分にしてしまったらごめんなさい。けど今のあたしは病気って言われた方が気持ちが楽なのね」

タレントのＧＥＮＫＩＮＧが２０１７年、インスタグラム上で、カミングアウトした。いまどきのタレントらしく、診断書の画像つきで。

画像には、トランスジェンダーの仲間内では即日で診断書が発行されることで知られるクリニックの名前が記されていた。

通常「性同一性障害」の診断は、数カ月以上のカウンセリングを専門の精神科で受けた後におりるが、中にはそんな悠長に待っておられんという当事者がいる。きっとＧＥＮＫＩＮＧも、切羽詰まって「お墨付き」をもとめざるを得なかった一人だったのだろう。

インスタグラム上で、彼女は「幼稚園の時から女の子のアニメしか見れなくて、お絵描きも女の子（中略）小さい時からオカマ隠すの必死で人の顔色ばっか見て生活してたんだから」などのつらい経験を、「性同一性障害」の悩みとして綴った。小学校に、少女漫画誌「りぼん」のふろくを持っていき、いじめられたこともあったそうだ。

ＧＥＮＫＩＮＧの投稿は、たくさんのファンやタレントたちに勇気ある告白として受け入れられたが、読んでいる私には、彼女の「別の苦しさ」が伝わってきた。

それは、たとえ即日で出されたものでも、診断書がなければ自分は世間に受け入れてもらえないという恐怖心だった。

女の子のアニメが好きでも、ビョーキじゃないよ。

少女漫画誌の「りぼん」が好きでも、ビョーキじゃないよ。

そう言ってあげたいという衝動に駆られた。

しかし、おそらく彼女はこれまでたくさん傷ついて、怖い思いをしてきたから、ビョーキじゃないよ、と言われるよりも、インスタントに発行されたビョーキの証明書に救われたのだろう。

「性同一性障害」という概念は、日本ではとても有名だ。

海外のトランスジェンダーたちに「性同一性……」という言葉を聞かせると「ウエッ、そんな言葉使ってんの」という反応が返ってくることが本当に多いのだが、日本では当事者たちもこの言葉を好んで使う。

「性同一性障害」という精神医学上の言葉は、もともとホルモン療法や性別適合手術などの不可逆的な医療行為を、あとから「しまった」と後悔する人がでないようアセスメント（査定）をする意図で運用されているものだ。言いかえれば、そのほかの「生き方の部分」については、別に医療の範疇（はんちゅう）ではない、ということでもある。

どんな服を着たらいいか、子どもがどんなアニメを見るべきか、ある人が学校や職場でどのような扱われ方を希望するか、といったことは医療がタッチすべき範囲をこえている。

男らしくないことや、女らしくないこと、服装や遊び方の好み、どのように過ごすのが自分らしいと感じるか、といったところまで病理の話を持ちこむと、それこそ規範の押し付けになってしまう。

そもそもトランスジェンダーのうち、ホルモン療法や手術を希望しない人たちは「診断書」を入手する必要もないはずで、このような人たちが自分らしく生きることさえ医師の裁量次第、というのは、多様な性のあり方をビョーキとして捉えているのとほとんど変わらなくなってしまう。

ただ、日本社会は、オリジナルな存在であることをそう簡単に許してはくれないから、当事者たちは結局のところ「性同一性障害」をサバイバル・ツールとして使う。

なにを隠そう、私だって18歳のときには診断書を入手したし、それを使えば、さまざまな場面でずいぶんと「話が早く進む」のを実感してきた。

大学のロッカーが男女で分かれていたときに「性同一性障害」という言葉を使って説明をしたら、教授はすぐに対応を考えてくれた。

職場の健康診断を個別で受けたいと思ったときに「性同一性障害」という言葉を使えば、福利厚生課はすぐに事情を理解し、検診施設は「検査着の色」から「着替える部屋」のリクエストまで、こまやかに対応してくれた。

別に「性同一性障害」という名前を使わなくてもスムーズにいった場面もあったかもしれないが、一人ぼっちでカミングアウトして交渉をするときには「お医者さんも言っていることなんで……」という言い訳めいたやり方をとったほうが、生身の自分が傷つかずに済むような気がしたものだ。

当事者たちは、さまざまな手を使ってサバイバルしていく。あの日、インスタグラムで苦しそうに「他人とちがうこと」の許しを乞おうとしていたGENKINGは、どこかで私と似ている。

2018年、世界保健機関は「性同一性障害」を「性別不合」という、よりビョーキの色合いが薄くなった名称にあらため、国際疾病分類の精神疾患カテゴリから外すことを正式に決定した。これは、トランスジェンダーの脱病理化をかかげる国際的なムーブメントに対応したもので、1990年に世界保健機関が同性愛を精神疾患カテゴリから外したことと、とてもよく似ている。

新しくネーミングされた「性別不合」は、不妊などと同じようなセクシュアル・ヘルス（性の健康）のためのカテゴリに再分類され、日本でも近く「性同一性障害」という精神疾患の概念は、大きな転換点を迎えることが予想されている。

30年も経てば「性同一性障害」の診断書は、「こんな時代もあったね」なんて歴史的な資料になるのかもしれないが、いずれにせよ当事者のサバイバルは当面つづきそうだ。

チョコレートの海、女子校の奇祭

こんなことを白状してよいのか分からないが、大人になってから、バレンタインデーが味気なくなった。

私は女子校出身である。小学校6年生のとき、私服の学校に行きたくて受験勉強をしていたが、成績が届かずに中高一貫の女子校に通うはめになった。

この話をするとき、私はいつも一抹の不安に襲われる。

女子校に6年間も通っていたなんて「こいつ本当に男なのかよ」と相手に思われてしまうんじゃないか、と心配になるからだ。

そこで、通常の私はあわてて「いや〜、でも女子校は大変だったよ」と告げて、自分を男ぶってみせようと頑張るわけだけれど、正直言って女子校は世間が思うほど、女子女子した空間ではなかったし、ある意味では性別にとらわれずに過ごせる場面も多かったので、胸に手をあてて正直な気持ちをのべると、「大変だったよ」の一言で片づけられるほどコトは単純ではなかった。

今でも忘れられないのは、バレンタインデーだ。

朝、登校してクラスに一歩足を踏み入れた時点で、すでに大気はチョコレートのにおいで満ちていた。すでにタッパーウェアから自作のブラウニーをポロリしている者もいる。フライングだ。

その後、授業、休み時間、授業、休み時間、授業、と時計の針は進み、とうとう昼ごはんの時間になると、いざ炸裂する時限爆弾のごとくチョコレートが飛び交いまくる。

そもそも、朝からずっと大気にはチョコレートの気体成分が充満しているため腹も減らないのだが、教室はプロレスリングと化す。昼ごはんよりもチョコレートを食わされ、需要と供給のバランスが崩壊するゆえにチョコレートは余りまくり、昼休みが終わるころになると「ご協力をお願いします」とばかりに、出どころ不明のガトーショコラがまわってくる。だれが作ったのかも、もはや分からない。

もっとも華々しいステージは廊下だ。

そこには憧れの先輩めがけて、後輩たちが列をなしていた。

学校で一番モテるバスケ部のキャプテンには、長蛇の列が下のフロアの階段まで出来ており、その列を見に行こうと野次馬たちも列をなす。

終礼になると、担任教師がなぜか頬を赤らめながら「スニッカーズ」をダメ押しのごとく配り始めた。腹持ちの良いピーナツバター入り。ああ、合掌。

「高校のバレンタインは、もうチョコレートの顔も見たくないと思うぐらいだったよ」と振り返ると、まるで自分がモテてモテて仕方なかったように思われそうだけれど、なんてことはない。通っていたのが女子校だっただけだ。

高校を卒業してから、はじめて迎えた2月14日は静かだった。

その翌年も、飽和したガトーショコラがふたたび目の前にあらわれることはなかった。

女子校を出て、気がついた。世間一般のバレンタインというのは「しらふ」の世界だったのだ。世間一般のバレンタインは、これまで親しんだチョコレート色の狂気の代わりに、義理やヘテロセクシズム（異性愛を前提としたきゅうくつな枠組）でコーティングされていて、残りは恋愛で出来ていた。

女子校の頃だって、恋愛の要素はあった。だけど大人になると、チョコレートには本命や義理といった名前がついてしまった。好きに恋とか友情とかの名前をつけるみたいに。人間を男とか女とかで分けるみたいに。

もし日本中のバレンタインデーが、女子校のそれを基準にしたものになったら、どうなるだろうかと、大人になった私は夢想する。

もしみんなが性別関係なく、タッパーウェアにガトーショコラを詰め込んで出勤することになったら。満員電車にチョコレートのにおいが充満し、社長がにこにこしながら「スニッカーズ」を配り始め、あわててコーヒーをいれはじめる社員がいて、義理が入り込むスキマもないぐらいに、甘いお菓子で2月14日が埋め尽くされたら——。

大人になった私は、もはやこれらを想像するだけで、胸やけ、どころか、血糖値まであがりそうだ。

だいいち一日に食べられるガトーショコラの量なんて、たかが知れている。

記憶の中が美化されているだけで、女子校なんて大変な場所だったじゃないか、と心の中では、ささやく声も聞こえてくる。あんた、ずいぶん前に「楽しいかもしれない」と同窓会に顔をだして、女子だらけだったことに今さら驚いて帰ってきたじゃないかって。

そんな大人になってしまったことも含めて、女子校を出た後の2月14日は、毎年やっぱりちょっとビターだ。

あなたはありのままで美しい（はず）

夏が来れば思い出すものがある。はるかな尾瀬ではなく、乳腺組織だ。

「いっそのこと、アラスカに移住すればいいんじゃないか」

よく、同じくトランスジェンダーの友人とこんな軽口を叩く。気温が高くなってくると、着ている服の枚数が少なくなり、体の線が目立つ。私はいまのところ胸を取る手術を受けていない。たとえ胸を〝ナベシャツ〟（胸を目立たなくするシャツ）でつぶしていたって、なんとなくTシャツ1枚で過ごすのは心もとない。

初夏から残暑にかけては、やっぱり自分が何かの異常乳腺生物Xに寄生されているという感覚がぬぐえないから「もういいかげんに胸をとろうかな」と思う。そしてウジウジ考えているうちに、やがて栗ご飯の美味しい時期になって、服の枚数が増えてくると乳腺組織のことを忘れがちになる。で、うっかりまた夏がやってくる。

この年間サイクルについて考えると、我ながらテキトーだなとか、ストイックな身体違和持ちからは叱られてしまうのではないか、などと思う。

日本のトランス男性の草分け的存在である虎井まさ衛氏は「無人島に漂流したとしても必ず手術を望んだだろう」と書いているが、私の場合「島の緯度による」。とはいえ、自分の身体とどう付き合うかということは誰にだってやっかいな事柄で、比較してどうこうということでもない。

自己の身体をめぐる受け入れ難さというのは、フェミニズムにおいても長いこと主要なテーマのひとつだ。この社会では「あるべき身体」のイメージがとても狭く設定されている。たとえば女性なら若くてスリムでなければ美しくないというメッセージがあちこちに溢れていて、このことは、多くの人たちが摂食障害で命を落とすほどまでに追い込まれている現実にもつながっている。先日も電車の広告で「ＧＩＲＬＳ　ＰＯＷＥＲ」と書いてあるから、なんだろうと思ったら脱毛のキャンペーンだった。脱毛してキレイになれば女の子は自然に自信を持って強くなれると書いてあるが、そんな生物が存在するなんて知らなかった。

そんなわけで、私たちの多様な身体に対する決めつけをはねのけるためにフェミニズムが生み出した珠玉の反逆メッセージこそが「あなたはありのままで美しい」だ。

およそすべての解放運動は、内面化された自己否定をはねのけるところから始まる。黒人解放運動にせよ、障害者運動にせよ、自分たちの肌の色や障害のある身体をネガティブなものだと思い込まされているところから、いや、そうじゃないんだと言い返すところにバネがある。フェミニズムもその流れに連なっている。

ああ、カッコイイ。

とはいえ、私たちがやせたい、脱毛したい、胸を取りたい、筋肉がほしい、包茎をやめたい、身長を伸ばしたいなどと切実に願っているときに、フェミニズムの「あなたはありのままで美しい」という渾身のメッセージは、およそ95%の確率で渾身のギャグないしは余計なお説教にしか聞こえない。なぜなら、それは私たち自身が感じているリアリティとはまったく異なるのだから。

「ありのままで美しい」だなんて、意図は分かるけど、私の乳腺組織については少なくともウソだ。グルグルと考えた挙句、私は、お説教よりはギャグが良いと思うようになった。

たとえば語尾を少し変えて「あなたはそのままで美しい（はず）」とか「あなたはそのままで美しい（はずだった）」と付け加えてもいいのではないか。自分は変わらなくてはいけないと感じている人たちにとって「社会があなたにそう思わせているんだ」と思い起こさせる距離としては、多少の笑いがあったほうが押し付けがましくないのではないか、と。

10代の頃から身体違和が持続している身としては、社会の規範が変わるのを待つのは愚かなことだと思いつつ、自分の肉体を社会規範のせいで変えるのもなんだか負けた気がして悔しい。だけど、突き詰めて考えても仕方ないのではないかと最近は思っている。今後どのように身体をカスタマイズするかについては人生の成り行き次第だが、できれば今年の夏は暑くないほうがいい。

茶碗蒸しを勝ち取った話

職場の近くにあるインドカレー屋の、ランチタイムが悩ましい。レディース・セットがお得なのだ。お店によっては「レディース・セットは男性でもご注文いただけます」と注意書きがしてあり、これはこれで「だったらレディース・セットの意味って何?」と内心つっこみをいれてしまうのだが、この店の運用はよく分からない。

いいな、美味しそうだな、と思いながら、カレーが1種類しかつかないAランチやBランチを頼んで、ときどき隣のテーブルをうらやましい目でながめてしまう。

そんな私は、水曜日には映画に行かないことにしている。

以前、水曜日に映画に行ったときに、レディース・デーかつ私の外見がわかりづらかったために、受付の人に性別をきかれてしまったことがあったからだ。

正確には「高い方と、安い方のどちらですか」とやんわり尋ねられたのだった。

高い方と安い方って、あんた、どうよ。

こちらから避けられるサービスばかりでもない。ある日トランスジェンダーばかり集まって飲み会をしていたとき、居酒屋の店員が、困り果てた顔をして「女性のお客様には茶碗蒸しを無料でサービスさせていただきます」とやってきた。

店員は、そこに集まった十数名の性別をまったく把握できず、遠まわしに女性の人数を尋ねていたのだが、主催者も負けるわけにはいかなかった。

飲み会のメンバーは、口々に「私たちはみんな茶碗蒸しが好き」「茶碗蒸しは、ぷるんとしたところが良い」などと茶碗蒸しの良いところを列挙しはじめ、さらに混乱を深めてしまったため、結局、お店からは全員分の茶碗蒸しが出されることになった。

こうしてトランスたちは、みんなで卵料理を勝ち取った。

私は基本的に、女性びいきのサービスは「なくしたほうがいい」と思う派だ。「レディース・デーや女性限定のサービスがあるのは、女性のほうが男性に比べて低賃金だから」と主張する人たちもいるようだが、映画を見まくったって、男性に飲み代をおごらせたって、賃金格差の何十万、何百万円が埋まるわけじゃない。

まずやるべきは賃上げだ。

「茶碗蒸しより、給料よこせ」みたいなスローガンがあってもいいのではないか。

昨今、大学のジェンダー論の授業では女性差別よりも「レディース・デー」や女性優遇サービスについての疑問のほうが学生たちからは出てくるらしい。このような状況は、だいたい教師からはため息まじりで話される。

実際には、世の中は圧倒的に男性優位で出来ている。女性の平均賃金は男性の約7割だし、政治家になって社会の制度を決めているのも男性だらけだ。学生たちはいったい何を見ているのだろう、というわけだ。

学生たちが見ているのは、もちろん「まやかし」である。

女性に卵料理やデザートをつけ、映画料金を安くすれば、この社会の性差別がちょっとだけボヤけてみえるという、いびつな分断に、彼らは巻き込まれているだけだ。

女性専用車両をなくすために痴漢のせん滅キャンペーンを張ろうと呼びかける人は少ないが、

女性専用車両を男性差別だと捉える人は、ときどき見かける。もともとあった問題はなんだっけ、ということは、巧妙に見えなくされている。

トイレのレッスン①　スウェーデン編

2019年の春、スウェーデンを旅する機会があった。友人からお土産に頼まれたのは、トイレの写真だ。

「あなたが好きなトイレがたくさんあるから、たくさん撮ってきてね!」

それで写真を撮ってみた（100ページ参照）。ストックホルム市内の駅のトイレ。小学校のトイレ。高校のトイレ。たしかに日本のトイレとは違っていた。

なにが違うかといえば、スウェーデンのトイレは「男女共用」が基本なのだ。

いちばん多く見かけたのは、自宅のトイレみたいな個室がぽこぽこと、いくつも通路に面して並んでいるタイプ。駅の大きな通路に接して並んでいる個室トイレ1、2、3。あるいは学校の廊下に思い出したように散発的に登場するトイレAというスタイルは、それぞれ通路から

ストックホルム市内の駅にあるトイレ

スウェーデンの高校にあるトイレ

自分のことを女性だとは思っていないから、女子トイレは使いたくない。かといって、混んでいる男子トイレを堂々と使うほどの外見でもないから、どうしても空いている男子トイレや、男女共用トイレをもとめて、日々さまようことになる。

その結果、どこに出かけるにしても、「今日は駅ビル内のカフェで待ち合わせだから、その前にコンビニのトイレにいかなきゃ」とか「ドトールコーヒーなら男女共用トイレがあるけれど、マクドナルドは使いにくいな」などと、いちいち脳内でシミュレーションしながら毎日を過ごす、というのが私のだいたいの日常の姿である。

人生には他に記憶すべき重要事項はいっぱいあるにちがいないのに、もっぱら脳内メモリの無駄遣いをしながら「歩くトイレのビッグデータ」を日々更新している。そもそもトイレが性別で分かれている意味が分からない、と思いながら「犬が好きな人用」「猫が好きな人用」のような区分に、しぶしぶ付き合わされている、というのが日本での私の感じ方なのだ。

そんなごちゃごちゃした悩みをすべて吹き飛ばすパワーを持っていたのが、スウェーデンの個室トイレたちだった。駅で、学校で、ショッピングセンターで、もはや性別を気にすることはない。トイレはトイレ。単なる用を足すための場所だった。

「これがスウェーデンの駅のトイレ」

「スウェーデンの小学校のトイレ」

「飽きてきたけど、高校のトイレです。ご査収ください」

男女共用トイレの写真を撮り、ツイッターにアップすると、あっという間に何百もリツイート（拡散）された。日本で暮らすトランスジェンダーやその友人たちも、私と同様にスウェーデンの環境をうらやましく感じているらしかった。

数日経ち、だんだんトイレの写真ばかり投稿するのにも飽きてきた頃、現地で出会った高校の先生に、本音をぶつけてみた。

「性別で分けられる場面がほんとうに少なくて、パラダイスじゃないですか?!」

生徒たちの服装や髪型も自由だ。スウェーデンでは、制服はずいぶん前に廃止されたらしい。

「ああ、更衣室はやはり男女別のものしかないんですか」

「ここにも課題はありますよ。たとえば、必修になっている体育の授業の着替えとか……」

高校の先生は、こう答えた。

「いや、そうじゃなくて」

続けて先生から出てきたのは、想像を超えた一言だった。

「ひとりで使える更衣室を使うためには、生徒が申請しないといけないんです。トイレや服装もそうですが、必要なものにアクセスするために、自分が何者かを定義させるのは不便だと思うのです」

差異をわざわざ意識させなくても平等にアクセスできるのがいい、というのが先生の考えであるらしかった。

スウェーデンを旅して、私ははじめてトイレを使うときに「マジョリティ」になることができた。当たり前に友人たちと列にならび、談笑した。

日本では、トイレが男女別なのは基本としたまま、トランスジェンダーが使いやすい男女共用トイレのマークを新しく作ろうだとか、そのようなトイレに虹色のマークをつけようだとかの動きが話題になっていて、ちょっとピントがずれているな、と感じることも多い。多様性を尊重するのには新しく何かを加えようという「足し算の思想」だけでなく、そもそも不要な区分なら見直せばいいという「引き算の思想」も必要ではないだろうか。

シンプル・イズ・ベスト。

男性の子育てだって「イクメン」という言葉を生みだしたほうが、かえって子育ては女性の仕事だという前提が強化されるみたいで、単に「親」でいいじゃないかと思うものだ。

スウェーデンのやり方をそのまま日本に持ってくるのは難しいかもしれない。それでも、「日本のトイレの当たり前」が、「世界の当たり前」ではないことをみんなに知ってもらうことや、異なる性別の人たちが普通に同じトイレを使っている社会が存在することを想像してもらうことは、トイレからダイバーシティを考えるにあたっては大切なことではないかと思っている。
いまでも、スウェーデンのトイレが思い出すたびに恋しい。

トイレのレッスン② 台湾編

「なぜトイレはそもそも男女で分かれていたんだっけ」という視点をもっとみんなに共有してほしい、というのが私の基本的スタンスだが、主に女性で、このような考え方に抵抗を持つ人たちがいることも承知している。

20代の頃、仲間たちと苦労してイベントを企画したことがあった。そのイベントは、LGBTの学生生活をよりよくするために日英の当事者学生が交流するというもので、東京・浜松町にある会場を数日間借りることになったのだが、その会場は築年数がかなり経過しており、男女別トイレしかなかったのだ。

通常LGBTのイベントでは冒頭のあいさつのときに、会場のトイレの案内をすることが多い。性別を問わず使えるトイレがどこかを、きちんと参加者に紹介できることは主催側の最低限のマナーともいえるが、この施設を使うにあたって、私たちは会場側に交渉をもちかけなくてはいけなかった。

その結果、なんとか会場の１Ｆフロアは性別問わず使ってもよい、との許可を勝ち取ることができた。

「これで、ようやく参加者たちにも胸を張って案内ができるね」と仲間たちとホッとしていたところ、当時交際していた私の恋人がわざわざ２Ｆの男女別トイレに足を運ぼうとしていた場面に遭遇してしまったのだ。

ブルータス、おまえもか‼

せっかく頑張ったのにショックだったが、「世の中には一定の割合で女性向けのトイレしか使いたくないという女性が存在する」というのも事実なのだろう。そんな声を反映しつつも、多様性の観点から画期的なトイレが台湾にあったので、その話もしてみようと思う。

それは台湾の首都・台北（タイペイ）市の行政サービス窓口の近くで発見したトイレだった。

台湾はアジアで初めて「婚姻の平等＊」が認められた国だが、その頃はまだ法律を作るために闘っている最中で、ちょうど台北市が同性カップル向けに「パートナーシップ証明制度」の発行をはじめた頃だった。

「パートナーシップ証明制度」は日本の自治体でも取り組んでいるところが増えてきている

のでご存知の方も多いかと思うが、法律では家族として認められなくても、ふたりが重要な交際関係にあることを地方自治体が書面をもって承認するという仕組みで、台湾でもいくつかの主要自治体が取り組み、大きな話題となっていた。

台北市の担当者に聞いてみると、「当たり前のことだと捉えている」と言う。

台北市では2000年代より、学校で多様な性について教える取り組みが進んでいて、行政職員もそのような研修を受けてきた。

だから「パートナーシップ証明制度」に自治体が取り組むのも、当事者たちの実態を思えば当然のこと。さらに、その証明書を発行する、いわば「祝福の場所」であるからこそ、役所のトイレも多様性に配慮したものにしたかったといい、入口に設けられたトイレを案内してくれた。

このトイレは、入口が「女性用トイレ」と「性別不問トイレ（108ページ参照）」の2種類にわかれていて、それぞれ入ると中にいくつも個室が並んでいる、という作りになっている。

「性別不問トイレ」の中に入ってみると、用意されている個室にはさまざまな種類があり、車いすユーザーや子ども連れが使うもの、洋式トイレの個室、さらには男子の小便器の個室などが並び、自分が好きな個室を選んで使えるようになっていた。

男子の小便器の個室、というのは日本では目にしたことがないが、立ちションをする際にプ

＊「婚姻の平等」については、前章「『同性婚訴訟』と、権利ではない方の結婚の話」（54ページ）も参照。

台北市の庁舎内にあった男女共用表示のある性別不問トイレ。
中に下のような様々な個室がある。

ライバシーを守られたいと考える人もいるだろうから、画期的に思えた。

「パートナーシップ証明制度をはじめて、まずは自分たちの日常的な意識も変えたいと思って、職員もこのトイレを使っています。女性用トイレを作ったのは、女性の中には女性だけのトイレがいいと考える人たちもいるから」

職員の説明を聞いて、その場に一緒にいた人たちみんなで記念にこのトイレを使ってみた。

「性別不問トイレ」を設けたことで、性的少数者だけでなく、女子トイレの混雑も緩和できるし、小さな女の子を連れたお父さんや、異性の介助者と一緒の障害者たちの不便さも解消できることを見込んでいるそうだ。

この話を、日本で披露する機会があった。私の前職場である世田谷区役所が新しく庁舎を改修するにあたって、ユニバーサルデザインの観点から様々な人がトイレについて話し合う会議に委員として呼ばれることになったのだ。

台北市にあったトイレのことを、ｉＰｈｏｎｅにばっちり収めた写真と一緒に話したところ、その場に参加した人たちの表情がパッと明るくなった。

ある女性は、視覚障害者のヘルパーを長らくやってきたが、男性の視覚障害者をトイレに連れていく際には、中に入ることができないので、入口で「助けてくれる男性」をいつも探して声をかけなくてはならなかったという。

別の母親は、障害のある息子がきちんとトイレを使えているか不安だが、それを確認するすべがなかったといい、認知症の妻を介助している男性や、幼い女の子と外出するお父さんも、性別で分かれたトイレは使いにくいだろうと語った。

「どうせ作るならワクワクするような、これまで見たことのないようなトイレを作ろう」という話も出て、その場は大いに盛り上がり、あらためてトイレとジェンダーの話はいろいろな論点から語ることができるのだな、と実感させられる場になった。

ヒアリングの結果がどこまで反映されるのかは不明だが、もし近々作られる都内の新しい庁舎に見たことのないトイレが出現することがあったら、それは台北市のおかげだ。

トイレのレッスン③　日本編

そもそも用を足すのにトイレを性別で区分する必要があるのか？　シンプルに考えて、トイレはトイレでいいじゃん、男女共用でいいじゃん、と考えている私だが、日本の現状はまだまだ「トイレは男女別」が当たり前である。

学校や職場、外出先に置かれたトイレの9割以上が男女別になっているのだから、日本で暮らすトランスたちは、男女共用のトイレをもとめて難民化するか、男女別トイレを使うかのどちらかになる。

トランス男性の場合、性別適合手術を受けても立ちションをすることはなかなか難しい。特別な器具を使う人もいるが、多くは個室を使うことになる。男子トイレの個室は数が少ないし、いつも個室を使うことでトランスであることがバレてしまうのではと不安を感じる当事者もいる。男子トイレのプライバシーのなさは、もともと女子トイレを使っていた人間からすると異様で、男子トイレもすべて個室化してくれたらいいのにと私はいつも思っているが、それでもトランス男性の多くは、しれっと男子トイレを使えているようだ。

よりハードルが高いのは、トランス女性の女子トイレ使用だ。

トランス女性は、ホルモン療法や性別適合手術を終えた人でも、外見でトランスであることがわかってしまう人がいて、周囲からの奇異な視線にさらされやすい。

外見でトランス女性だとまったく判別がつかない人でも、出生時の性別が男性だったことを知られると「犯罪者みたい」「女性トイレを一緒に使いたくない」と同僚から言われてしまうことがある。

このような心理について、作家のパトリック・カリフィアは、『セックス・チェンジズ　トランスジェンダーの政治学』（作品社、２００５年）の中で次のように書いている。

「わたしの長年の知己である女性が、トランスジェンダーであるとわかったのだ。（中略）気がつくと彼女のことをまったく違った風に見ていた。突如として、彼女の手が大きすぎるように見えてきた。鼻にも何か奇妙なところがあるし、それに彼女には喉仏がなかったかだろうか？　声も女性にしては低すぎないか？　それにいつも男性のように親分肌ではないか？　それに何たることか、前腕にはかなりの毛が生えていた」

腕に毛の生えた女性なんてたくさんいるのに、そんなことに怯える自分に気がついたカリフィアは、自分の中にあるトランスフォビア*について、ある種の滑稽（こっけい）さを交えて描いている。

まわりの理解があれば、トランス女性は女子トイレを問題なく使うことができる。

ある中学生は、女子生徒としての通学が認められた際に、はじめは１Ｆにある「だれでもトイレ」を使うようにと教師から指定された。彼女の教室は３Ｆにある。休み時間には急いで階段を昇り降りしなくてはいけないし、教室移動があるときには間に合わない。

結局、同級生から「教室を出たそこにある女子トイレを使えば」との提案が出て、彼女はなんの問題もなく女子トイレを使えるようになった。

もともと教師は「周囲からの理解が得られないかもしれないから」と心配して「だれでもトイレ」を使うように生徒に伝えたけれど、実際には生徒どうしの関係性があって、トイレ問題は解決したのだった。

トランス女性にとって、女友達は重要らしい。別の友人も、女性の服装で外出をはじめた頃、外出先でトイレに困っていたら女友達が「こっち」と手をひいて女子トイレに案内してくれた、それがきっかけで女子トイレを使えるようになった、と話していた。

ひとくちにトランスジェンダーといっても、トランス男性とトランス女性は非対称だなと感じることが多い。私がやっている、LGBTかもしれない小さい子どものグループ「にじっこ」に4歳や5歳で参加してくるのは、きまってトランスガールばかりである。

同い年の生物学的女児がサッカーボールを蹴とばしていても、だれも問題だとは思わないが、男児がドレスを好んでプリンセスごっこばかりしていると、社会はその子を放っておけないのだ。

「なんで、あなたは男の子なのに、お姫様の絵ばかりを描いているの?」などという「だって好きだから」以外に答えようもない質問を幼少期からぶつけられ、奇異な視線にさらされ、高い割合でいじめの被害者になる。成長すると今度はトイレに行くのにも「犯罪者と見分けがつかない」などと言われる。そのような経験は、トランス男性である私が味わったことのない

*トランスフォビア…トランスジェンダーや性別越境現象に対する嫌悪感や恐怖のこと。毎年11月20日はトランスジェンダーであることを理由に殺害された人を追悼する「トランスジェンダー追悼の日」として知られる。2019年秋には、この1年間で331人ものトランスジェンダーや性別を越境している人たちが世界中で殺害されたと発表された。https://tdor.tgeu.org/

ものだ。

イギリスにあるブリストル大学は、トランスジェンダーの学生を支援する一環で、２０１７年、トイレに次のようなポスターを貼った。

> 間違った性別に見える人がトイレに入ってきたら、次のステップを踏んでください。
> ステップ1　だいじょうぶ。その人の方が、あなたよりよく分かっています。
> おわり

当事者や、身近にトランスジェンダーの友人がいる人たちにとっては「ステップ2以降はどこにいったの」と、くすっと笑える内容になっているが、トランス女性と性犯罪者の区別をつけるのが難しいと感じている人は、このポスターに憤慨した。

この社会から性犯罪がなくならないことを理由に、トランス女性は「まぎらわしい」ので女子トイレを使うべきでないと主張する人たちがいる。その人たちの中には、たとえそのトランス女性がよく知った同僚で、あきらかに性犯罪者でないことを知っていたとしても、自分たちの考え方は守られるべきだと主張する人たちもいる。

どこかのだれかが犯した盗撮や痴漢、セクハラの責任を、今日もトランス女性たちは押し付けられている。

加害者でないことの証明

「あやしいものじゃないんです」という自己紹介をしたことが、私にもあった。２０１０年頃、女性ばかり何十人も集まった部屋でのできごとだ。

その日、私はゲイの友人と、性暴力被害者を支援するためのトレーニングを受けようとしていた。特に友人はヒゲを生やしてマッチョだったので、周囲からは相当に浮いていた。「なんでわざわざ」と思いながら、我々は自分たちが無害であることのアピールをし、数日間の研修を経て、現場で働くことになった。

目にした現場は大変だった。事務所に行き、留守電を再生すると、同じ男性の声で「妻を返してくれよ」「おぼえていろよ」なんて録音がいくつも入っている。

「あーまた入っているわ」と、慣れた感じで、先輩がファイルにメモをした。

このような嫌がらせのせいか、当時は性暴力被害のホットラインに男性の声で電話がかかってくると、支援者が問答無用で電話を切ろうとすることがよくあった。

実際には男性の被害者だっている。

男性から女性に対する暴力だけでなく、その逆も、同性間のＤＶ（ドメスティック・バイオレンス）もあるし、トランスジェンダーが性暴力を受けて、どこに相談すればいいか途方に暮れることもある。

ＬＧＢＴの被害者は、警察や医療機関、周りの人に相談しようと思っても「どういうことですか」と聞かれ、心が折れてしまうことが多い。

だからこそ当時の私たちのように相談支援の現場に入って、ＬＧＢＴについての知識を深めてもらおうと試みている人たちもいる。

２０１９年になってから、全国各地で性暴力被害について語り、性暴力根絶を目指すフラワーデモが行われているが、ここでは男性やＬＧＢＴが直面する性被害についても、当事者が立ちあがってスピーチをすることが続いている。

いきなり個室に入れるため、他の人と狭いスペースで顔をはちあわせるストレスがない。個室の中には手洗い場も完備されていて、そこですべての作業を終えて、外に出られる仕組みになっていた。

図書館も、宿泊先のユースホステルも同じだった。ここでは、トイレは男女共用が当たり前で、みんなそれに疑問を持たない。だんだん日本に帰りたくない、という気持ちが増していった。

なにを隠そう、日本での私は、いつも「トイレ難民」なのだ。

以前、知人がとあるイベント会場で、トイレを「男性用」「女性用」ではなく「犬が好きな人用」「猫が好きな人用」の2種類の表示にわけて設置したことがあった。訪問した人は、そもそもなぜこのような区分が必要なのか首をかしげただろうし、「犬も猫も好きな人」や、「ペンギンが好きな人」はどうしたらよいのか、きっと戸惑ったにちがいなかった。

このような戸惑いは、ふだん私が感じているものに近い。

トランスジェンダーの中には、外見が十分にパス*していて、男女別のトイレでも希望するほうを問題なく使えるタイプの人たちがいるが、外見が男性にも女性にも見えてしまう自分のようなタイプは、性別で分かれたトイレは非常に使いにくいものになってしまう。

*自認する性別として外見が通用することをパスと呼ぶが、社会の規範におさまる外見を手に入れないと日常生活もままならないトランスたちの状況について、複雑な思いを持っている人たちも少なくない。

東京駅のある日のフラワーデモで、たまたまトランス男性の友人の姿をみかけた。その日は小雨が降っていて、２００人ぐらいが集まって、性被害経験を語る女性たちの話をじっと聞いていた。

「ぼくもしゃべりたいけど、ひとりで前に立つのはこわい。一緒に、前に出てくれませんか?」

ふいに友人に依頼されて、みんなの前へ歩み出ることになった。

彼は、性被害に遭ったときに、自分の声を聞いた支援機関の人は電話を切ろうとしたし、警察からは「男なら抵抗できるんじゃないの」「からだはどうなっているの」と聞かれて絶望した、トランスジェンダーも性暴力に遭うんだ、と涙ながらに語りはじめた。

とっくに日は暮れている。集まった２００人の表情はよく見えなくて、この中にはトランスジェンダーの存在を快(こころよ)く思っていない人たちもいるんだろうな、と思うと、少しだけこわくなった。

２０１８年にお茶の水女子大学がトランス女性の受け入れを表明したあたりから「トランス女性のせいで、女たちの安全な空間が脅かされるにちがいない」と考えた女性たちがトランス女性への差別的なコメントや誹謗中傷をインターネット上で繰り返すようになった。

〝あなたたちはペニスを持っているのに、女性専用空間に来るなんて、性犯罪者と見分けがつかないんだよ〟

〝自分のことを女だといえば、なんでも通用するって思っているの？〟

〝手術してから来い〟＊

２０１９年の正月にはインターネット上のテレビ番組で、元参議院議員が野党を批判するために〝ペニスをぶらさげた自称・女性が女湯に入ってくるのを拒んだらそれもＬＧＢＴ差別禁止法に違反し、罰せられる〟とのデマを流し、トランスジェンダーに対する誹謗中傷はいっきに加速した。

実際には、野党提出の法案にはそのような記述はなかったし、そのような法改正を求めて動いているトランスジェンダーもいなかった。

「女性の味方」のふりをしながらトランスジェンダーを叩くやり方は、ＬＧＢＴ運動を引き裂くのに大変便利なので、日本に限らず他の国でも近年よく見られている。

このような意図をもって、暴力や差別に傷ついている者どうしが対立させられる、というのは、本当に悲しいことだ。

イギリスでは「トランスジェンダーの運動が進むと、性暴力やＤＶ被害者の女性用シェルターに、女装した変質者がやってくるぞ」という政治家の発言が波紋を呼んだそうだが、日本とちがい、ＤＶや性暴力被害者支援のサービスを提供している運営者はみんなトランスジェンダ

ーに慣れていたので、

「危険な人物が施設を訪れないようリスクアセスメントぐらいしている」

「自分たちの女性専用サービスをトランス女性が利用することに問題はない」

「一番の問題は緊縮」

と語り、現場レベルでは分断に巻き込まれることはなかったようだ。**

日本の支援者が同じレベルであれば、友人が絶望することもなかったのかもしれない。

トランス男性の友人が、その夜スピーチを終えると、同じく性暴力被害者だというゲイ男性が「よかったよ」といって背中をポンポンとたたいていた。

一緒に涙ぐんだり、拍手したりしている女性たちの表情も、ちらほらと見えた。

暴力や差別の中で生きているサバイバーにとっては、きっとどこだってアウェーだ。

痛みは、人を引き裂くための道具にも、つながるためのきっかけにもなる。


*個別のトランス女性に対して服装や髪型のセンスが十分に女性的でない、趣味や性格が男性らしい、などの揶揄を行う自称フェミニストがいるが、女性の服装・髪型・趣味・性格はこうあるべしと押し付けるあたりが、むしろ女性全体の首を絞めているように思えてならない。

**Stonewall（イギリスのＬＧＢＴ支援団体）による「ＤＶや性暴力被害者支援サービスにおけるトランス女性支援の現状（supporting trans women in domestic and sexual violence services)」（英文、２０１８年7月）より https://www.stonewall.org.uk/system/files/stonewall_and_nfpsynergy_report.pdf

第3章　私たちが生きる多様な社会

理解されなくても使えるもの

トランスジェンダーにとって便利な企業ランキングを作ったらどうなるか、という話で、友人と盛り上がったことがあった。

その場で、暫定的に決まったTOP3が、こちらだ。

第1位　ファミリーマート
第2位　Amazon
第3位　Qなんとか、という1000円カットの店

第3位においては、後日になって店名が「QBハウス」であることが判明したという杜撰さだが、なりゆきで決めたので許してほしい。

3社とも共通しているのは、トランスジェンダーであることを理解されなくても必要なサー

ビスにアクセスできることだ。

以下に表彰の理由を述べていく。

まずは、第1位に輝いたファミリーマートから。

ファミリーマートは、外出先で気軽に男女共用トイレを貸してくれる頼もしいコンビニだ。職場として働きやすいのか、他のサービスがトランスフレンドリーなのかどうかは知らないが、「トイレに行きたい」という、あまりに切実すぎるニーズを無料で満たしてくれるという偉大さが「まるで街のオアシスのようだ」と審査員らによって高く評価され、堂々1位を受賞することになった。

コンビニのトイレはだいたい男女共用だが、ファミリーマートは他社に比べて利用OKな店舗の割合が高い。車いすや子ども連れの人が使えるような広めのトイレが設けられていることもある。どうやら多目的トイレの設置を、店の経営戦略の中に位置付けているらしい。

トランスジェンダーの中には、男女別トイレの利用に困難を覚える人たちがいる。街のほとんどのトイレが男女別という環境において、希少なオプションを無料で提示してくれているコンビニの存在が、どれだけ心強いだろうか。

コンビニさん、いつもありがとうございます。これからも宜しくお願いします。

第2位のAmazonは、地元のブックストアをどしどしつぶしている巨大資本に他ならないのだが、多様なサイズの服や靴を扱っているところが素晴らしい。

たとえば私の場合、XSサイズのメンズ服を店舗で探すのはなかなか容易ではない。LGBTフレンドリーなイメージを打ち出しているGAPでも、私にフィットするサイズを見つけるのは難しくて、お店をまわっているうちに、自分のチビさにだんだん気が滅入ってきてしまうのが常である。

そんな中「XSサイズ　白　シャツ」の検索で、見つけたいものを探してくれるAmazon.comは、人類がなぜインターネットを発明したのかを、これ以上ない説得力で教えてくれる。付け加えれば、インターネットショッピングは、店員との「恐怖のコミュニケーション」を省けるところも良い。「恐怖のコミュニケーション」とは、自分用に服を買おうとしているのに店員に密着され「これはプレゼント用ですか？」などと質問されてしまうやつだ。こ、こっち来ないで！

第3位のQBハウスは、これも店員との「恐怖のコミュニケーション」が回避できるところと会員カードを作らなくても済むところがいい。会員カードは、たいてい名前や性別を書く欄があって面倒なんです。

こうして並べてみると、買い物やおしゃれの楽しみとは縁遠い筆者のライフスタイルがバレてしまったようだ。

トランスジェンダーでも、買い物やおしゃれ、店員とのコミュニケーションを楽しんでいる人はたくさんいるのだから、性的少数者だから、というよりは、属性が「ものぐさ」なのかもしれない。

好きだった写真家が #MeToo された

高校生の頃、予備校帰りの楽しみは、書店の片隅で写真家のアラーキー（荒木経惟（のぶよし））の作品を眺めることだった。

もう子どもと呼ぶには大きすぎるのに、大人からは対等に扱ってもらえない。そんなティーンエイジャーにとって、セクシュアリティや死を扱った写真は、大人がどのように世界をみているのかを盗み見できる魅力があった。

彼の作品はヌードで溢れている。学校の図書館に唯一いれてもらえたのは『愛しのチロ』（平凡社、１９９０年）というネコの写真集だけで、大学に入ってからバイトをして『センチメンタルな旅・冬の旅』（新潮社、１９９１年）を買った。愛する妻・陽子さんとの新婚生活と、その後の死別を描いた、アラーキーの代表的作品だ。

そんな写真家が、モデルをしていたダンサーのＫａｏＲｉさんから告発をされた。性被害の告発を行う「#MeToo」ムーブメントの最中の出来事だった。

ＫａｏＲｉさんは、アラーキーの作品ではおなじみの「ミューズ」で、長年にわたり被写体となってきたが、望まない裸の露出を求められたり、インタビューのたびにアラーキーが「パートナー」「娼婦」「マンションは買う必要のない女」など吹聴するのに付き合わされたり（実際には交際関係はなかった）して、心身ともにボロボロになっていた。「ミステリアスで、なんでもする女」というイメージを貼りつけられ、たびたびストーカー被害にも悩まされてきた。これらのことを話そうとしても、写真家は聞く耳を持たなかったという。

ＫａｏＲｉさんの告発に、私は気が重かった。

ある人が暴力の被害に遭った、ということ以上に、私は「ミステリアスで、なんでもする女」を消費していたファンの一人だったからだ。

アラーキーが彼女をとらえた写真が好きだった。

好きな作家が、だれかを踏みつけることで活躍していたことは、よくよく考えれば「はじめから分かっていたこと」のようにも思えた。アラーキーのやり方に問題があったことを、自分が知らなかったはずがなかった。

無数の女たちのハダカを撮影し、妻・陽子さんとの私生活をどこまでもカメラで追いまわし、本人も意図しない瞬間を発表する。印刷した紙の中に閉じこめられて、写真に呪われて、たくさんの人がフィクションにされていく。そのダイナミックなプロセスこそが彼の作品の魅力で、ある種の暴力性こそが彼がずっと売りにしていたことだったからだ。

ＫａｏＲｉさんは、自分が耐えなくてはいけないと思っていたことは、アラーキーの妻・陽子さんもかつて味わっていたことだっただろう、と手記の中でほのめかしている。陽子さんは40代の若さで亡くなり、その死は日本の写真史の中に永久に刻まれた。同じく天才写真家のミューズである自分は、やはりミステリアスな存在として死んだらいいのかと思い、自殺を考えたこともあったそうだ。

こうなると、もう無邪気にアラーキーの作品を眺めることは難しくなる。しばらくして、手元にあった写真集とはお別れをした。

何万という写真を発表してきたアラーキーはまもなく80代、病をわずらい、もう長くは生きないであろう。その彼が人生の晩年にこのような告発をされたことも、ある意味では必然という感じもした。

写真であれ、映画やマンガであれ、自分が慣れ親しんだものが、だれかを踏みつけた上で出来ていたという事実を認めることは、なかなかにつらい作業である。

ちょっと前に、子どもの頃に「保毛尾田保毛男」を大笑いして見ていたという人が〝後になって「あの時傷ついた人に気付けなかったあなたは罪人です」と言われると、キレイだと思っていた花畑にいきなり戦闘ヘリが飛んできて機銃掃射されるみたい〟と述べているインタビューを朝日新聞のウェブ版で読んだ。

苦しいからやめてくれ、と声があがるとき「だまってろ、自分は楽しんでいるんだ」とその声を封じ込めるのは野暮である。

が、この人が主張する「向き合うしんどさ」だけは、自分もわかるなぁと思った。きれいだと思って眺めていたお花畑が、暴力や差別と無関係な楽園ではないことに、私たちはときどき淋しさをおぼえる。

優しい右翼

この本を書いている最中に、平成が終わった。元号が切り替わるからといってテレビでも新聞でも毎日のように天皇陛下の言動ばかり報じられている。他にニュースは無いんかい、なんて悪態をつぶやきながら、私は友人のもりくんだったら毎日よろこんで録画をしていたのだろうかと、ふと思う。

もりくんは、天皇陛下とダンスが好きなゲイだった。はじめて出会ったときの彼は20歳で、いつもニコニコしていて、若き日のミュージシャンの河村隆一によく似ていた。

趣味は「皇居の掃除」。最初に聞いたときには驚いたのだけれど、天皇陛下に手を振ってもらえたときは本当に嬉しかったと、照れくさそうに彼は語った。「君が代は国歌なのに強そうじゃなくて、大切な人を思いやる感じが、なんか好き」と言う。

そのような20歳というのは、どう考えてもレアなキャラで、友達の間でも「あの子、ちょっと変わっているよね」と言われていたが、もりくんが所属する右翼団体でも、彼はやはりレアなキャラだったらしく、居心地の悪さがあったらしい。

団体のリーダーはいつも、男は男らしく、女は女らしくすべきだと主張していた。熱心に右翼団体で活動をしながらも、もりくんの中には葛藤があった。

「愛って、自然とわきあがる感情じゃないの？　考え方がちがう人や、いろんなマイノリティを認めないような雰囲気があるのは、どうして？」

その頃、20歳前後の若者が自分たちの好きなテーマで、ゲストを呼んでトークイベントをやろうという企画があった。

私は「ＬＧＢＴと教育」、もりくんは「愛国心」をテーマにイベントを担当することになった。場所は阿佐ヶ谷のライブハウス。登壇者は一水会の鈴木邦男さんや雨宮処凛さん、当時国会議員だった保坂展人さん、そして、もりくん。

「自分が好きな君が代を、いやがっている人に無理やり歌わせないでほしい」

「君が代を５００回歌った人は、１００回歌った人よりえらいんですか？」

豪華ゲストと彼が話しているのを「すごいね～」なんてフロアからカレーを食べて眺めていたのも、いつしか若い頃の思い出になってしまった。

その後、もりくんは30歳を手前にみずから命を絶ってしまった。

天皇陛下とダンスが好きなゲイにとっては、日本の現状はけっして生きやすいものではなかったのだろう。

「これは自決である」なんていう決起文が綴られている遺書を読んで、三島由紀夫かよ、と友人たちと思わず顔を見合わせた。お世話になった人として、遺書の最後にゲイバーのママと右翼リーダーの名前が並列して書かれていた。

それ以降、もりくんが優しいまま生きられた社会とは、どのようなものだったのだろうかと考えてしまう。

近年、保守という概念は、なにかを愛することよりも、なにかを憎むことのためにしばしば用いられている。世界中で「保守」「右翼」と呼ばれる人たちが、単に自国の風土や文化を愛するだけではなく、女性や外国人、ＬＧＢＴなどのマイノリティの人たちの権利を制限する政策をとっている。

「保守」も「リベラル」も、好きなものでつながるより、嫌いなものでつながる人たちばかりで、今日もインターネット上の書き込みはあふれている。

ＬＧＢＴといえど支持政党や思想信条は、人それぞれだ。近年のヨーロッパでは極右政党を支持するゲイ男性が多いことが知られている。自分たちの権利が認められるようになったら他のマイノリティの権利を擁護するのではなく、むしろ自分たちの手にしたパワーを確かめるように、排除側にまわる心理が働くらしい。

日本にも「ＬＧＢＴは生産性がない」と書いた杉田水脈議員を支持する当事者がいる。そこで傷ついてしまったら、自分が差別されている側だということを認めてしまうことになるから、あれは差別ではないんだ、反発している人たちがオカシイんだ、と主張したい心理になるらしい。それだけでなく我こそは差別する側の存在だとばかり、女性や外国人の悪口を書いていたりする人たちもいる。

このような人達をもって「ＬＧＢＴで保守系の人たちもいる」と表現されることもあるが、そんなとき私はどうしても、右翼で、ゲイで、優しさの塊のようだったもりくんのことを思い出してしまう。保守の中には優しい人も、差別を嫌う人も、他のマイノリティと仲良くしたい人もいるわ、と言いかえしたい衝動に駆られるが、脳裏に浮かんでいる人は残念ながら、もう記憶の中でしか会うことができない。*

もりくんが、40歳や50歳になってもニコニコと皇居を掃除していられた社会とは、どのようなものだろうか。

うちの給食は民主主義スタイル

日本の若者は投票にいかない、と言われて久しい。2017年に行われた衆院選の20代の投票率は33・9%。少子高齢化社会で若者のほうが数も少ないのに、若者の投票率自体も低調となれば、そりゃあ政治家は上の世代の話ばかりを聴くだろう。子育て政策やジェンダー関連の政策など、若い世代ほど関心が高いといわれる領域の取り組みが日本で遅れていることの背景には、高齢者の顔色ばかりをうかがっている政治家たちの姿がある。

日本だけでなく、アメリカでもイギリスでも若者の投票率は低いが、若者の投票率がずば抜けて高い国もある。そのひとつがスウェーデンだ。

２０１８年のスウェーデン総選挙での18歳から24歳までの投票率は、なんと84・９％だ。いったいなぜこのようなことが起きているのかを知りたく、２０１９年の春にスウェーデンに視察に行った。**

実際に足を運ぶと、「民主主義」という言葉があまりにカジュアルに使われていることに驚かされた。小学校で英語を教えるのも、数学を教えるのも、壊れた時計をなおすのも「民主主義の実践」だとスウェーデンでは考えられているのだ。

スウェーデンでは、小学校の頃から子どもたちは自分の意見を述べることを推奨され、学校生活のあらゆることに口を出すことが可能である。

小学5年生の生徒たちが、自分たちの学校の民主主義について教えてくれた。

「1Fの階段のところにある時計が小さくてよく読めないから、大きい時計に変えてもらいました。それと、木曜の午前中には調理実習があるのに、午後に校外へ行くイベントが重なると作ったものがゆっくり食べられないから、木曜午後には外出行事を入れないようにしてもらいました」

＊沖縄差別と闘い、日本軍の加害の歴史とも向き合う右翼団体「花瑛塾」の活動には筆者は数年前から一目おいている。

＊＊この旅行で私が「個室トイレ」の写真ばかりSNSにアップしていたのは前章「トイレのレッスン①スウェーデン編」（99ページ）で触れたとおり。

面白かったのは、給食委員会の生徒たちが、かなり細かいリクエストを集約し、大人たちに伝えていたことだ。

「じゃがいもが固い。魚を食べてほしいのはわかるけど、週に3回だすのはやりすぎじゃないか。あとは、おかずとデザートを同じお皿にぐちゃっと乗せるのは不味そうだからやめてほしい。ちゃんとデザートのお皿は別にしてほしい」

日本の子どもたちが要求したら、即座に「つべこべ言わず食べろ」で突き返されそうなことが、スウェーデンの学校ではきちんと交渉可能な要求項目になる。もちろん、なんでも意見が取り入れられるわけではなく「栄養バランスを考えるとパンケーキの頻度はもう増やせない」など、大人の側も意見を伝える。食事というのは、どんな小さな子でも必ず興味を持つ切実なトピックなので、ある意味では「給食委員会」こそ、もっとも初歩的な民主主義トレーニングになるらしい。

高校の教員は「なぜ教育が重要かというと、この国の民主主義を支える主権者には賢くなってもらわないと困るから」と口にし、生徒の発案によってリサイクル・ボックスが設置されたり、学内LGBTサークルが出来たりすることを喜んでいた。

ほかにもスウェーデンの若者の投票率が高いのには、30歳以下の政治家が日本の10倍もおり（!）、若い世代が「自分たちをレペゼン（代表）している」と感じられる候補者を見つけやすいことや、政党青年部の運動がさかんで若者の意見を政党がきちんと取り入れることが背景にあると言われている。学生による模擬選挙では、実際に政治家を学校に呼んだり、ロールプレイで政党の主張をしたりなどのハードコアな授業も行われている。

　このような日々の積み重ねがあってこそ、スウェーデンの投票率の高さは維持されているのだろう。*

　給食のメニューも、時計を新しいものに交換するのも、リサイクル・ボックスを設置するのも、学校に政治家を呼んで討論させるのも民主主義だが、ほかにもある。

　スウェーデンでは、3人の市民が集まれば、音楽や陶芸、読書会、バードウォッチングなど自由なテーマで「スタディ・サークル」を作ることができ、公的な資金援助も受けられるという制度があるが、この「スタディ・サークル」の取り組みを支援している機関のスタッフいわく「バンドも民主主義」とのことだった。

　3人以上いれば音楽性をめぐって様々な意見をかわし、次のライブをどこでやるかも決めなくてはいけなくなる。あれもこれも実は民主主義、と言われると、だんだんそんなような気もしてきて、日本に帰国した。

*スウェーデンの若者政策については両角達平(もろずみたつへい)さんのブログ「Tatsumaru Times」がとても詳しく、また勉強になる。今回のスタディツアーでも両角さんが案内人を務めてくださった。
https://www.tatsumarutimes.com

しばらくすると、ロックバンドのＧＬＡＹが「ＧＬＡＹ　ＤＥＭＯＣＲＡＣＹ」という所信表明を発表した。ポスターには「バンドって、民主主義だと思う」と書いてあり、ホームページを見たところ「４人の人間が集まって、語りあい、衝突したり、一体になったり」するのが、どうやら民主主義的ということらしい。

偶然のいたずらかもしれないが、一瞬だけ北欧のかおりがした。

#KuToo　そろそろ靴ぐらい自由に

現在、私はオンライン署名サイトの運営会社で働いている。このサイトは、だれもが無料で自由に「変えたいこと」を書き込めるというもので、大学の休学費を安くしてくれ、というものから、動物愛護を呼びかけるもの、ジェンダーに関するもの、ＪＲ山手線の新駅「高輪ゲートウェイ駅」のダサすぎる名前を変更してほしいというものなど、日々さまざまな要望が立ちあがっている。

私の仕事は、立ちあがった署名キャンペーンの戦略的サポートをするというもので、どうやったら賛同数が伸びるのか、世論が盛り上がるのか、などを署名呼びかけ人と一緒に日々考えている。

2019年の2月には、タレントの石川優実さんが「ヒールやパンプスの着用を女性に義務付ける就業規則をなくしてほしい」との厚生労働省宛ての署名を立ちあげた。

石川さんはアルバイト先の葬儀会社でパンプスを履くよう指定されており、これまで足を痛めてきたらしい。

ある日、石川さんはアルバイト先で同僚の男性の靴をそろえようとした。同僚の靴を手に取った瞬間「なんて軽いんだろう」と彼女はおどろき「私も同じ靴が履けたらいいのに」と思った。

その夜、彼女はツイッターにこんな書き込みをする。

「私はいつか女性が仕事でヒールやパンプスを履かなきゃいけないという風習をなくしたいと思ってるの。専門の時ホテルに泊まり込みで1ヶ月バイトしたのだけどパンプスで足がもうダメで、専門もやめた。なんで足怪我しながら仕事しなきゃいけないんだろう、男の人はぺたんこぐつなのに」

この投稿が2万9000人にリツイートされ、6万人以上から「いいね」がついたことで、彼女は気づいた。

これって、私だけじゃなかったんだ。

書き込みを発端に、靴と苦痛、「#MeToo」をかけあわせた造語である「#KuToo」というハッシュタグが生まれた。以降、女性たちは「#KuToo」ハッシュタグを使って、これまでの自分の経験や、怪我をした足の写真などをじゃんじゃん投稿しはじめた。

「こういうのってどうしたら変えられるんだろ…」「署名とかして労基に持っていくとか…?」

そう石川さんが書き込んでいるものだから、放っておくわけにはいかない。私は石川さんと面識はなかったが、いきおいで「やりましょう!」とダイレクトメールを送り、こうして「#KuToo」は厚生労働省宛てのオンライン署名になった。

厚生労働省に署名提出に行くと、官僚の中にも「実は私もパンプスでは苦労しているんですよ」と、ぽそっと教えてくれる人がいた。

署名提出の後、「#KuToo」について国会で尋ねられた大臣が「業務上必要の範囲内ならヒールやパンプス着用を就業規則で定めてもいいんじゃないか」という内容の答弁をしたとき、話題はいっきにふくれあがった。

「どんな業務ならヒールが必要なんだ」

「かかとの部分に決済用のハンコがくっついているとか?」

「だったら、大臣がヒールを履けよ」

日本のメディアだけでなく、米紙ニューヨーク・タイムズや、米CNN、英紙ガーディアン、英BBC放送、中東のテレビ局アルジャジーラまでが、なぜかこの問題に注目し、

「やっぱ日本ってちょっとセクシストっぽいんだよな。チカンも多いし」

とばかりに、「#KuToo」をとりあげはじめた。

こうして、大臣は「パンプス強要大臣」の異名を世界中にとどろかせた。

はじまりは石川さんのツイッター上の「ぼやき」だったのに、まさかこんなことになるとは、だれが予測していただろうか。

スペインに旅行した知り合いが「カタルーニャ人がみんな #KuToo を知っていたよ」と教えてくれた。アルゼンチンでも「#KuToo」のオンライン署名が立ちあがったらしいが、こちらは言語のカベがあったので、詳細はよく読めなかった。

注目が集まると、石川さんへのバッシングも加速した。グラビアタレントのくせにとか、おまえのバイト先をあばいてやるとか、毎日たくさんの誹謗中傷や揚げ足とりがSNS上で押し寄せてくる。

それらに石川さんは何十、何百と返信をしていった。

「相手にしなきゃいいじゃんって言われることあるんですけど、私から絡みにいっている面

があるんですよ。自由に怒らせてほしい」

おそらく彼女にとっての「#KuToo」は、単に靴を自由に選ばせろ、というだけでなく、女性に対してああしろ・こうしろと指図してばかりの社会そのものを、根っこから問い直す運動だったのだろう。

その間、新聞各社は「どこの企業が就業規則でヒールを履くよう求めているか」というアンケートを実施し「就業規則でパンプスやヒールの着用を決めている企業が予想以上にある」ことを明らかにしていった。

ファッション雑誌は「オシャレな人ほどヒールを履いてない！」「男子はヒールよりペタンコ好き！」などの、ちょっとナナメ上の企画を組んでいた。そうきたか、と思うけれど、これも「#KuToo」に対する観測気球のようなところがあったのだろう。

バッシングはあっても、運動はどんどん前に進んでいった。

靴メーカーから声がかかり、石川さんが靴をプロデュースすることにもなった。

石川さんのSNS上での格闘は、なんと書籍化されたらしい。*

既存の大きな運動組織が、パンプスやヒールの強制をなくしましょうと訴えても、たぶんここまでのムーブメントにはならなかっただろう。

みんなが口ぐちにツイートし、外反母趾の写真を撮影したり、新聞に寄稿したり「男性がヒールを履いてみた」などの動画をユーチューブに投稿したりすることで、気が付けば大きなうねりがおきた。

「#KuToo」は文字通り、地べたから誕生したフェミニズムの運動だった。

「パンプス強要大臣」騒動から3カ月後、イオンのスーツ売り場で、これまではパンプスとの組み合わせしかなかった女性もののスーツに、ひっそりフラットシューズが添えられていた。

そして2019年末、「#KuToo」は流行語大賞のトップテンに選ばれた。**

恋バナが盛り上がらなかった話

毎月1回、10代から23歳までの年齢を対象に、LGBTや「そうかもしれない人」に向けた居場所づくりをやっている。

この団体は「にじーず」といって、札幌と池袋、埼玉の全国3拠点で現在活動中だ。池袋だ

＊石川優実著『#KuToo　靴から考える本気のフェミニズム』(現代書館、2019年)として、本書の少し前に刊行された。

＊＊石川さんの受賞スピーチもまた素晴らしいものだった。全文はハフィントンポストのサイトから読むことができる。https://www.huffingtonpost.jp/entry/story_jp_5de59332e4b0913e6f83ed97

と毎回20〜30人ぐらいの参加者があって、UNOで遊んだり、おしゃべりをしたりして、休日の午後を思いおもいに過ごすことができる。

いつ来ても、いつ帰ってもOKで、参加費は無料だ。

「悩みをわかちあう場なんですか？」とよく聞かれるが実態はもう少し複雑だ。

LGBT系の若者は、別にセクシュアリティに関することばかりを毎日気にしているわけではないから、成績が悪かったとか、バイトの面接に受かったとか、今シーズンのアニメにとてもハマっているとかの、日常生活に沿ったコミュニケーションが、「にじーず」ではだらだらと繰り広げられている。

2016年にこの取り組みをはじめたとき、私はもう少しストイックだった。せっかくLGBTのユースを集めているんだから、みんなが活発に話せるように場を盛りあげなきゃ、と、どこかで気を張っていたのだろう。

「10代の子たちが多いし、恋愛の話とかふったら喜ぶかな」

2回目の「にじーず」で、私はみんなに恋愛の話題をふってみることにした。

「理想のデートコースってあったりする？　たとえば、動物園とかさ」

ユースたちのリアクションは、とても悪かった。

別にデートコースとか知らねえし、考えたこともないし、恋愛の話をしたいテンションでもなかったようなのだ。

「動物園といえば、爬虫類のコーナーが好き」

「あ、おれもわかる」

かれらが食いつきはじめたのは爬虫類の話だった。

そこから話題は「エキゾチックアニマルを飼育するためには冷凍マウスなどのグロテスクな食餌が必要」「コオロギもいい」「冷凍マウスは本当にグロい」「でも、おれも冷凍マウスをペットショップで買う」などのグロテスクな方向に、どんどん流れていった。

結局「にじーず」で、ユースたちが最初に目をかがやかせて話した話題の第1号は「冷凍マウス」だった。

とても良い話だと思うのだが、でもまあ、そういう話は「にじーず」が取材をされた際には新聞記事には載らない。

新聞に反映されるのは、やっぱり「ＬＧＢＴユース、悩みをわかちあう場」などのタイトルなのである。

もちろん、セクシュアリティに関する話題をしにくる子たちもいる。参加者のほとんどは、自分以外のＬＧＢＴをこれまで見たことがない（カミングアウトしている人がまわりにいない）、当事者の友達もいない子たちだ。みんな、それなりに悩んでいる。学校の友達にカミングアウトするのにも勇気がいるし、家族に話すのは、もっと大変だ＊。

当事者の子どもたちが、おたがい友達になって、最初にしたい話題が「家族へのカミングアウト」や「XSサイズの服をどこで買うか」という場合もあれば、なぜか「冷凍マウス」である場合もある。この辺が、若い世代の面白いところだ。

数人でゲーム機をのぞいては、なんだかにやにやしている。

「にじーず」に来て、3カ月連続でずっと任天堂DSばかりを触っている中学生もいた。せっかく集まりに来ているのだから少しは会話に入ったらどうだろうと思っていたら、帰り際に「こんなにリラックスしてゲームができる場所は他にないんですよ」と、満面の笑顔で話しかけてくれた。

その子は4カ月めに、自分のセクシュアリティについて話しはじめた。

どんな話題でも一緒にユースと考えたいなと思っている私としては、もう恋バナをむやみにふろうとは思わない。

あの夏の「好き」はどんな色

「にじーず」には毎回テーマトークという時間がある。

これは、その日参加したユースたちが、それぞれ話したいと思うテーマを紙に書いて投票し、そこから選ばれたテーマごとに2～3個のグループが作られるというものだ。

選ばれるテーマは「カミングアウトについて」「恋人に求める条件とは」などのセクシュアリティに関連するものと、「最近みたヤバイ夢」「王様になったらやりたいこと」など直接は関連しないものが織り交ぜられていて、どのグループに参加するのかはユースにゆだねられている。

というのは、たとえ「にじーず」に参加していても、まだ自分の性について語ることはしんどいと考えているユースもいるからだ。自己開示の程度はあくまでも本人が決めることで、ど

＊「性的マイノリティについての意識2015年全国調査」によれば、同性婚に賛成する国民は半数を超えるが、周囲の人々がLGBTだったら嫌だと感じる人の割合も高く、子どもがいる人の4分の3以上が、もし自分の子どもがLGBTだったら「嫌だ」「どちらかといえば嫌だ」と回答している。つまり他人事である分には寛容だが身内だとイヤ、というのが本音らしい。

のメンバーがレズビアンなのか、トランスジェンダーなのか、ということは本人が話さない限りはスタッフも把握していない。

ＬＧＢＴという括りは性的少数者をまとめて語るときには便利で、この本でもＬＧＢＴという用語を使用しているが、特に若い世代にとっては、ＬなのかＢなのか、といったカテゴライズは、むしろプレッシャーになることも多い。

「はじめてここに来たときは、自分のセクシュアリティについて決めようと思って参加したんです」

ある常連のメンバーは語っていた。

「でも、いろんな人がいるのをみて、だんだんどうでもよくなりました」

今では、彼は「ボーっとする」ために「にじーず」に参加してくれている。みんなと言葉を交わし、ＬＥＧＯブロックをいじっている時間は、いやなことを考えなくていい。

若い世代がカテゴライズにとまどうのは、カテゴリーが「船」だからだ。

性別違和のない異性愛者、つまり社会で主流派とされる人たちであれば悩まないで済むことを、性的少数者の若者は悩まなくてはいけない。

それは、大きな海に放り出されるのに似ている。自分と同じ人間が世界のどこにいるのか、将来どのような人生を送ればいいのか、生まれ育った故郷で幸せに生きていけるのか、友人や家族からどのように思われるのか、といったことを、ひとりぼっちで考えなくてはいけないのだ。

そんなとき、LやG、B、Tといった用語は「船」のように通りがかる。もし自分が、その船に乗る正式なメンバーとして認められたら、乗組員としての資格が十分にあれば、この広い世界で自分はひとりぼっちではない、と若者は思う。

しかし、その期待は、もし自分がL、G、B、Tでなかったとしたら、その船からもまた大海原に落とされてしまうかもしれないという不安と隣合わせだ。ほとんどの若者は身近にLGBT当事者のロールモデルを持っていないし、友人もいないから、カテゴリーについて考えることは、しばしばプレッシャーになってしまう。

実際にいろいろな生き方をしている人を目の当たりにすれば「どの生き方でも、なんとかなるじゃんね」ということが分かるのだが、仲間がおらず、多様な性があることを身をもって体験できない場にいると、「自分は十分にバイセクシュアルだろうか」などと思い悩むようになる。

先日、NHKの「夏休みラジオ保健室」という番組のゲストに招かれた。そこで、ある中学生の男の子から相談メールをもらった。

「自分は女の子と手をつなぐとドキドキするけれど、習い事で一緒だった男の子が引っ越してしまったのがとてもつらくて、その友達のことを毎日考えている。これは恋愛でしょうか。自分はバイセクシュアルなのかどうか、知りたいです」

「好き」という気持ちはとても複雑で、「好き」にはいろいろなかたちがあって、友情と恋愛の境界線なんて本当は存在しない。

だから、この質問に対して「バイセクシュアルだ」「ちがう」など、他人が答えられるものでもないのだが、10代だったときの記憶が遠のきつつあるかつてのユースとしては、どっちにしたって、その友達への「好き」は大切にしてあげてほしいと思った。

その友達も、きみのことを「好き」だといいけど、きみの宿題はいろんな人と出会わないと解けないかもしれない、たぶん。

男の子への性被害とオンライン上の居場所

男子高校生にわいせつ行為をした地方議員が遺体で見つかる、という痛ましい事件があった。児童買春・ポルノ禁止法で逮捕され釈放された後に、車の中で自死してしまったらしい。

同性間の性暴力やＤＶがあることが広く知られていない社会で、加害者や被害者の性別が明かされることは、私自身は一定の意味があることだと思う。議員であれば、実名報道されても仕方あるまい。

ただ、ときどきこういう痛ましいことは起きる。不祥事や犯罪に対するペナルティに加えて「予期せぬアウティング」という制裁がついてくるというような。

彼が命を絶った理由が他にいろいろあったとしても、ちょっと考えさせられる話だ。

報道によるアウティングは、ときどき起きる。同性間ＤＶで殺された被害者が実名報道されたこともあれば、猟奇的事件の被害者がトランスジェンダーでそのことが格好の週刊誌ネタになってしまったこともあった。

つまり性的少数者はうっかり殺されてもなお尊厳を傷つけられてしまう。

そもそも犯罪被害に遭った際の実名報道なんて、性的少数者でなくとも大多数の人は望んでいないので、どんな事件であったとしても「詳細をどこまで報じるのか」という根本的な問いはいつもあるのだけれど、いちおうメディアが事件を実名で報じるのには「そのことが公益にかなうため」という理由があるそうだ。

それであるならば、今回このような事件が起きたという報道から私たちは何を読みとるべきなのだろうか。教訓は何だったろうか。そんなことに想いをはせる。

今回の被疑者はインターネットを介して出会った高校生を買春したり、中学生にLINEで性的な画像を送らせたりしたことが報じられていた。

男性に惹かれる男の子たちがインターネットで自分探しをはじめると、すぐにアダルトコンテンツや出会い系掲示板にたどりついてしまうというのは、よくある話だ。

ためしに「ゲイ　高校生」でネット検索してみると、みごとにアダルトコンテンツだらけで、ときどき「Yahoo!　知恵袋」などで「性行為目的じゃない仲間がほしい」と相談をしている子がいるのが切ない。

イギリスのLGBT支援団体らによる調査では、10代の子どもたちが自分の性的な写真や動画を撮る割合はゲイやバイセクシュアル男性の場合は59%にのぼり、そのうちの47%がオンライン上で出会った見知らぬ相手にこれらを送ったことがあると回答している。

同性が好きかもしれないと思ったときに、はじめて目にするコミュニティの「常識」が、あまりにセックスや外見至上主義に偏っていれば、そもそもゲイとはそのようなものだと思い込む子どもたちもいるだろう。

21世紀の居場所のない子どもたちは、みんなインターネットへ向かう。

インターネットには良い側面もたくさんある。私の友人は、同性に惹かれる自分に気づいて途方に暮れていたときに人生を救ってくれたのはユーチューブだったと語る。

ユーチューブに「ゲイ」と検索で入力してみたら、本当にたくさんのゲイの人たちが世界中にいることがわかって自分ひとりじゃないと安心した、とのことだった。

「性性堂堂」など多様なバックグラウンドを持つ若者が、ざっくばらんにセクシュアリティについて話す優良チャンネルもあるし、規約の関係でアダルトコンテンツはひっかからないので、Ｙａｈｏｏ！　やグーグルで検索するより、ユーチューブで検索したほうが子どもたちにはオススメ、と教員向けの研修ではよく紹介している。

ＬＧＢＴ系のユースの多くが匿名性の高いＳＮＳとしてツイッターを活用し、そこで初めて当事者の友達を作っている。会ったことはなくても「テストが終わった」とつぶやけば「お疲れ様」と返事をくれる、自分のセクシュアリティを知っている友人がそこにはいる。

「にじーず」は広報のメインをツイッター上で行っているが、それはツイッター上ではすでに10代のＬＧＢＴのゆるいコミュニティが存在し、会ったことのない友人たちが「にじーず楽しかった」とツイートしているのを見て、芋づる式に参加者が増えることを期待しているからでもある。

昨今では「自殺　方法」「死にたい」などと検索すると、支援機関につなげられるオンラインサービスを提供している団体がある。相談機関にはつながっていないけれど、ひそかにＳＯＳを発信している人たちをキャッチできる、とても優れた試みだ。

既存の支援機関でも、イギリスのチャイルドラインではホームページ上に「きみの最高の部屋を作ろう。壁紙の色はどうする?」なんてオンライン・ゲームを載せていて、子どもたちに安心して相談をしてもらうための工夫がちりばめられている。

インターネットは危険とよく言われるが、すでに安全とは言えない日常を過ごしている若者にとっては、それでも自己開示ができる数少ない場だ。上手く活用できる方法を、もっと多くの人と模索していきたい。

図書館に本をいれてください

ユースと接していると、頻繁(ひんぱん)に「学校がクソ」という話を耳にする。

学校には一冊もLGBTに関する本がない、授業中に教師がLGBTをネタにした不快な冗談をとばす、親に勝手にLGBTであることをバラそうとする、などなど。

こんなとき話を聞いている大人としては、もちろん「学校がクソ」と一緒に復唱してもよいのだが、それ以上にかれらの環境をなんとかしてやれないもんか、とやはり考える。

私はふだん教師向けに多様な性についての研修をしている。そのため、直接お話しできる機会には、教師たちに穏便に「こんなことには注意しましょうね」と予防的に伝えることが可能なのだが、ユースから間接的に話を聞くような場面では、無理だ。教師に自分が直接コミュニケーションを取るわけにはいかない。

なので、ユースたちの様子を見つつ、ではあるが「それは直接、言えるかな?」と、そっと背中を押すようにしている。

学校の図書館に本を追加してもらうのは、リクエストカードを書けばいい。学校によっては匿名でもできるはずだ。なにも当事者である自分のためではなく、知識は他の友達のためにもなる。その学校で「LGBTに関する本がないな」と気がついているのがあなただけなら、その気づきはみんなのためになる。

ユースの中には、自分で提案して学校内でLGBTについての学習会を開催したという生徒もいた。ここは日本で、民主主義が徹底しているスウェーデンではない。だから、提案してもスルーされたり、教師からひどいことを言われたりというケースもあるが、自分や仲間のために声をあげることそのものが、その子にとってのエンパワメントではないかと最近は考えている。

「エンパワメントとは、責任をとってみること」

1960年代にキング牧師と一緒に公民権運動をやっていたというマーシャル・ガンツ博士*が語っていた言葉だ。

1955年、米アラバマ州のモンゴメリーという街で、ローザ・パークスという黒人女性が白人にバスの座席をゆずることを拒否し、逮捕されたことを発端に、1年以上にわたるバスボイコット運動がはじまった。今とちがってインターネットがなかったから、バスボイコットをいっせいに始めるのにも告知方法はメールやSNSではなくビラ、しかもビラは真夜中に大学にしのびこんで印刷機で刷り出した3万5000枚を人海戦術でばらまく、などのローテクきわまりないやり方が使われた。

たくさんの人の協力がなくては、バスボイコットは始まらなかったし、続かなかった。

黒人のタクシー運転手や車を持っている人に、他の人たちの出勤を助けてもらうよう、乗り合いをお願いしてまわる。経済的に厳しい人たちがデモに参加するのも、移動手段を調整しなくてはいけない。やっぱりインターネットはないから、行きと帰りの乗り合いの車の手配や、帰りの車が来る時間などをローテクなやり方で確認しあった。

バスボイコット運動から8年後、キング牧師の有名な「私には夢がある」演説で知られるワシントン大行進には20万人もの群衆が押し寄せた。これも、ちょっとでも混乱が起きれば速攻で警察が介入してくることを見越し、ベイヤード・ラスティン**という優秀なアクティビストが

２０００人の警備ボランティアをあらかじめトレーニングして、しまいには当時最先端の巨大なスピーカーを導入することでアナウンスが隅々まで聞こえるようにし、なんとか平和内に成功できたのだった。

大きなことから細かなことまで、気が遠くなるほどまでに膨大に「やること」が存在し、人々がそこにコミットして手や足を動かしているうちに、やっぱり人種差別はいやだ、もういやだ、だまっているもんか、と自分の中にあるプライドに気づくようになって、それが本当の意味で人々を解き放っていったのが、黒人解放運動だったようだ。

だから学校がクソだとしたら、解決されなくてはいけない課題があるのだとしたら、気が遠くなりそうだったら、小さなことでもいいから自分が一歩を踏みだそうとすることが、その子にとっての解放につながるのだと思う。

「学校がクソ」とつぶやいているのは、傷ついて悩んでいるだけの弱い若者ではない。大人たちがかれらを助けてあげるだとか、代弁してあげると考えるのは不遜で、周りの人た

＊マーシャル・ガンツ博士…人々を運動にまきこむコミュニティ・オーガナイジングの方法をひろめている。筆者はオンライン講座で博士の授業をとっていたが、国内ではコミュニティ・オーガナイジング・ジャパン（ＣＯＪ）が博士の手法を広めている。

＊＊ベイヤード・ラスティン（１９１２年〜１９８７年）…オープンリーゲイでもあった黒人解放運動のリーダー。キング牧師にガンジーの非暴力思想を伝えた。ワシントン大行進は彼なくしては成功しなかったが、ゲイ差別的な人からは白い目でみられた。

ちができるのは、かれらが声をあげるときの作戦会議や練習のサポートぐらいだ。

杉田水脈ではなかった彼

先日ある勉強会で性の多様性について一通り話した後に、ひとりの若者から質問を受けた。

「種の保存とLGBTの関係についてどう思いますか」

自然界の生き物は種の保存の法則に沿って生きているはずなのに、なぜ性の多様性が生じるのかが分からない、ということだった。

どきっとする質問だ。科学を引き合いに、ある種のマイノリティが「劣っている」とか「間違っている」とか言われて迫害される歴史は過去にいくつも例があり、障害者差別や人種差別につながってきたからだ。

私は大学時代に獣医学科を専攻していたので、生物学的な観点から彼に答えてみることにした。

「種の保存というのは、『すべての個体が自分の子どもを持とうとすること』ではなくて、もう少し複雑な概念」「自然界には同性どうしの性行為や同性のペアは何千という種で報告されている」「進化の過程で、種にとって妨げとなるような形質はそもそも淘汰されていくので、どの社会でも性の多様性が確認されるのは、それが種にとって有利な形質だからと考えることもできるはず」――。

ここまでが生物学的な話ね、と説明をしたあとで「別の観点から見ると、このような問いに不安を持つ人もいる」と添えた。質問した彼は、スッキリしたとよろこんでくれた。これまで彼の疑問に答えてくれる人はいなかったらしい。

帰り道、進化論についてウェブで復習をしながら私は悶々としていた。「そういう質問はキワドイよね〜」と反応するだけでも、ひょっとしたら十分だったかもしれない。

そもそも生物学と人権を結びつけて語ろうとする人たちは、「生産性発言」で炎上した自民党の杉田水脈議員を例に出すまでもなくだいたいヤバイのである。

鹿児島県で「男女という自然の摂理を広めるべきだ」と発言した78歳の議員はボコボコに批判されていたし、その前には「同性愛者は異常動物」とツイートした71歳の議員は辞職勧告を出されていた。

「このような質問はしちゃいけません」という空気を発して察してもらうことも、ある種の教養的態度とも言える。

でも、教養的態度っていったいなんだろう、とも思った。疑問を持っても口にしないとか、よくわからないのにわかったふりをするとか、そういうことだろうか。そんなマジョリティばかり増えたって、世の中マシにならないのではないか。

思い返せば、自分もかつてキワドイ質問をたくさん繰り出す10代だった。今では赤面するしかないが、高校生の頃、独身だった教師に「なんで先生は結婚しないのか」と尋ねたことがある。

ハラスメントと言われたら言い訳のしようもない質問だったが、その教師はひとこと「人を愛するかたちは結婚だけじゃねぇんだよ」と答えてくれた。

キリスト教の学校には毎朝礼拝があったが、クリスチャンではない教師が出席しているので「クリスチャンではないのに礼拝に来るのはなぜですか」と聞いたこともあった。「信仰はいろいろでも、他の人の考えを聞くのは参考になります」と、その教師は教えてくれた。

いずれも大人になった今でも鮮明に覚えている答えで、「その質問はハラスメントですよ」と言われるより、よっぽど良かった。

キワドイ質問が脅威にならないのは、差別や偏見がこわくないときだけである。

もし冒頭の若者が40歳以上の政治家だったら、同じように親切にはできなかっただろう。オンラインのやりとりだったら、皮肉めいたツイートを拡散させて、彼の学問的好奇心を打ち砕いていたかもしれない。

そう思うと、彼が20歳前後の若者で、議員バッジをつけていなくて、リアルでのやりとりができたことが本当に良かった。

「種の保存とLGBTについてどう思いますか」という質問への答えは、相手との関係性によっても変わってくるが、炎上多き時代は、そのことを見えづらくさせている。

昔の自分によく似た人

給料日になると、輸入食料品店に行って見慣れないインスタントの袋めんを買うのが好きだ。買うのが海外のビールだったり、プレッツェルだったりすることもある。いずれも大した金額ではない。髪はQBハウスにて1000円少しでカットする。洋服を買う趣味もないから、私はどうもお金を使うのがへたらしい。

そんなケチくさい自分が唯一、ほかの人たちよりもお金を使っているのはクラウドファンディングだ。今はウガンダのＬＧＢＴ難民が新しく立ちあげたベンチャー企業に投資している。この企業は、ウガンダからケニアの都市部に逃げてきた難民が立ちあげたもので、アフリカらしい柄のシャツを作って販売するそうだ。投資のお返しに、オーダーメイドの（ＸＳサイズの！）シャツを作ってもらう約束になっていて、完成品を着るのが今の楽しみである。

私がウガンダに興味をもつようになったのは２０１１年の頃だ。当時、ウガンダでは同性愛者を死刑にする新しい反同性愛法が作られようとしていて、世界中が大騒ぎになっていた。

この辺りの話は、前著の『オレは絶対にワタシじゃない　トランスジェンダー逆襲の記』にも詳しく書いたが、ウガンダでは新聞社がゲイやレズビアンの写真や実名をさらしあげ、ＬＧＢＴ運動のリーダーだったデイビッド・カトーが殺害される悲劇も起きていた。

日本から遠く離れたアフリカの国に対し、自分たちがやれることなんてほとんどない。唯一できたのが、友人たちとドキュメンタリー映画「call me kuchu（コール・ミー・クチュ）」を翻訳し、デイビッド・カトーや仲間たちが命がけで闘っていた日々のことを、映像として日本でも紹介することだった。

映画を見て、この状況は放っておけないと立ちあがる人があらわれた。そのひとりが嶋田聡美さんで、彼女はＳＮＳを通じてケニアにいるＬＧＢＴ難民と連絡をとり、日本から集めた支援金を送るようになる。嶋田さんが立ちあげたＲＲＣＪ（Rainbow Refugee Connection Japan）

という団体が新規にはじめたのが、先述のベンチャー企業を支援するクラウドファンディングだ。微力ながら日本とウガンダのＬＧＢＴコミュニティが繋がるきっかけを作れたことをうれしく思っている。

２０１９年現在、世界中で同性愛を犯罪とみなしている国は70か国にのぼるらしい。同性どうしの結婚を認める国が27か国。トランスジェンダーについては明示的に刑法の対象となっていない場合もあるが、憎悪犯罪が増えている国もあれば、権利保障がすすんでいる国もある。世界は両極化していて、ＬＧＢＴが生きやすくなっている国と、どんどん生きづらくなっている国の両方があるようだ。

ウガンダやロシアのように、わざわざＬＧＢＴの権利を制限する法律を作っている国は、西側諸国から見たら「野蛮」としかいいようがない。

しかし、ウガンダからみた西側諸国は、かつて植民地時代に自分たちを搾取(さくしゅ)した存在であり、そんな人たちから「野蛮」よばわりされるのは、アフリカがまたバカにされているような気がして、愉快ではない。* ロシアからすれば、イデオロギー的対立のある西側諸国から、あれこれ言われること自体が不快である。もはやＬＧＢＴがどうこう、ということを超えて国としてのプライドの問題に話は完全にすりかわっている。

＊そもそも同性愛に寛容だったウガンダに最初に「同性間の性行為は禁止」との法律を持ち込んだのは旧宗主国のイギリスだった。

政治学者のデニス・アルトマンらは「ＬＧＢＴの権利を前に進めたい人たちは、少し前まで自分たち西側諸国がいかに差別的だったかを忘れがち。反対する人たちは、自分たちの文化にこれまでも多様なジェンダー・セクシュアリティの先人たちがいたことを忘れがち」と指摘し、「ちょっと前までの自分たちの姿を思い起こすこと」が、結局のところ両者の分断を食い止めるために役に立つのではないかと指摘している。

実は、日本でも同じことが言えるのかもしれない。

「我が国の伝統」にＬＧＢＴが反すると考える人は、まずは歴史をふりかえるべし。

そして、ＬＧＢＴについて新しくいろいろな知識を得ることができた人は「ちょっと前まで自分も無知だった」ということをもっとオープンに語れたほうがいいのではないか、と思っている。

一般に、差別問題について学びはじめた人たちほど、他者の無知に厳しくあたりやすいらしい。自分たちの社会がいかに「一部の人のためにだけ」作られていて、自分がそのことにいかに無自覚に過ごしてきたのか、ということをちょっとした罪悪感や怒りを混じえて自覚しはじめた学習者ほど「ついこの間までの自分にそっくりな他者」をみかけると、心が大きく揺さぶられてしまうからだ。*

「まだそんなことも知らないの?」なんてイヤミを言いたくなる。あるいは、相手が時代遅れだと主張したくなったりする。ちょっと前までの自分を鏡で見せつけられているような苦痛を感じているからだ。

でも、知らなかったことに対して、そもそも責任なんて取れるわけがない。

無知はたぶん罪ではない。責任が取れるのは、知った後にどうするか、だけだ。

「うちの校長はＬＧＢＴという言葉の意味すら知らなかったんですよ」と、ときどき教員などからグチをこぼされることがある。単に問題が「知識の欠如」だけなのだとしたら、それは教えてあげれば済むことだけれど、なぜか校長の責任という話になっている。

たしかに新しいニュースに日々アンテナを張っておくことは、プロフェッショナルとしては望ましい態度だと思うが、そもそもの問題は、学習指導要領にも教科書にも教員養成のプログラムにも、多様な性について十分に扱われてこなかったシステムの側にもある。

問題を個人の責任ではなくシステムとして捉えたら「悪者」が減る。

２０１２年、国会では民主党に所属していた井戸まさえ衆議院議員（当時）が、法務大臣にこう尋ねるシーンがあった。

「大臣、ＬＧＢＴという言葉をご存知ですか？」

＊このあたりの心理的発達についてはダイアン・Ｊ・グッドマン『真のダイバーシティをめざして　特権に無自覚なマジョリティのための社会的公正教育』（出口真紀子監訳、田辺希久子訳、上智大学出版、２０１７年）に詳しく、参考になる。

その当時、ＬＧＢＴを政治的課題としてまともにとりあげているのは社民党と共産党ぐらいで、あとは民主党のごく一部の議員、自民党にいたってはＬＧＢＴに興味のある議員のグループは「隠れキリシタンの会」と呼ばれていた。

２０１９年現在、大臣に「ＬＧＢＴという言葉をご存知ですか？」と質問する国会議員はどこにもいない。東京で5月に毎年行われているプライドパレードには、ここ数年どの政党からもたくさんの政治家が参加するようになった。

ＬＧＢＴをめぐる話題に、より多くの人が参加するようになった一方で、まったく情報が届いていない旧態依然の人たちもいる。

広がりつつある情報や知識の格差を、すれちがいの材料にはしたくない。

「まだそんなことも知らないの？」は、すべての学校がＬＧＢＴについて扱うようになってからでいいのかもしれない。

おわりに

「みんなちがって、みんないい」という金子みすゞの有名な詩がある（「私と小鳥と鈴と」）。中学校のとき授業で扱ったが、当時どうしても好きになれなかった。

道徳的なニュアンスで扱われたことに、どこか大人のウソを感じたからだと思う。

「みんなちがって、みんないい」とか言いながら、一方では平気でブラック校則を押しつけたり、子どもの人権侵害をしたりするのが大人のやり口なのだから、思春期の子どもが金子みすゞを警戒したのも無理はなかろう（ちなみに私は毎日セーラー服を着て登校していた）。

小鳥のように飛べず、鈴のように綺麗な音を鳴らせない詩人は、小鳥よりも地面を速く走り、鈴よりも多くの唄を知っていたが、26歳で夭逝（ようせい）した。

明治生まれの彼女が女遊びのはげしい夫に翻弄（ほんろう）され、詩を取り上げられ、離婚を切り出すと今度は娘の親権を取り上げられ、短い生涯を自ら閉じたことを私が知ったのは大人になってからだった。

教科書の中で紹介される詩ではなく、そのような生と死を遂げた女性の詩だと思うと、「みんなちがって、みんないい」はちがった風にも読めてくる。

いつの時代でも、小さき者は大きな声に脅かされているが、詩人の鼓動は今でも詩の中に閉じ込められている。

イエ制度に抵抗して死んだ詩人は、当時の道徳にこそ苦しめられたのだろう。「みんなちがって、みんないい」は抵抗しようとした持たざるものの詩であって、トップダウンで教師が生徒に伝えられるようなスローガンではない。

結局のところ、個性の尊重だとか「ひとりひとりの人権を守る」ということは、なめらかではなくギザギザしていて、対立が生じるたびに考えることでしか達成できないのだと私は最近思っている。

でも、たぶんそれは良いことだ。

LGBTのムーブメントに関わっていて良かったな、と思うのは、今の社会が不完全であることが様々なかたちで露呈(ろてい)しては、そのたびに修復も可能だということが肌身で感じられるからだ。

辞書の記述は、私たちの手でアップデートすることができる。教科書も良いものへと変えることができる。教育現場では、生徒のほうが教師世代よりもLGBTへの共感度が高いことを利用して、『りんごの色』（大分県が作成している多様な性に関する無料の啓発マンガ）をネットから印刷しクラスに置いておくなど、生徒どうしの自主的な学びを促進するやり方がうまくいっている。自分たちの手でコミュニティを良くしようとする試みは、スウェーデン式にいえば「民主主義的」だ。

ぶつかったり、間違ったり、困ったり、迷ったりすることが必要ない社会がいつかやってくればいい、と以前は思っていたが、いまでは、その願いは「半分イエス」「半分ノー」だ。LGBTでもジェンダーでも人種でも階級でも、多様性がある限り差別もある。

ぶつかったり、間違ったり、困ったり、迷ったりすることを通じて、差別について考え続けられる人が増えれば、それがいちばん良いことだと思う。

最後に、本書を生みだすにあたりお世話になった新日本出版社の小松明日香さん、2年以上にわたりWEBマガジン「ウェジー」での連載に付き合ってくださっている編集者のカネコアキラさん、ありがとうございました。

2020年1月

著　者

遠藤まめた（えんどう・まめた）
1987年埼玉県生まれ。横浜在住。トランスジェンダーとしての自らの体験をきっかけに10代後半よりＬＧＢＴの子ども・若者支援に関わる。教員研修や子ども支援に関わる相談機関などでの講演多数。
共著に「思春期サバイバル」シリーズ（はるか書房）、著書に『先生と親のためのＬＧＢＴガイド　もしあなたがカミングアウトされたなら』（合同出版、2016年）、『オレは絶対にワタシじゃない』（はるか書房、2018年）がある。

ひとりひとりの「性」を大切にする社会へ

2020年1月20日　初　版

著　者　遠藤　まめた
発行者　田所　稔

郵便番号　151-0051　東京都渋谷区千駄ヶ谷4-25-6
発行所　株式会社　新日本出版社
電話　03（3423）8402（営業）
03（3423）9323（編集）
info@shinnihon-net.co.jp
www.shinnihon-net.co.jp
振替番号　00130-0-13681

印刷　亨有堂印刷所　　製本　小泉製本

落丁・乱丁がありましたらおとりかえいたします。

ISBN978-4-406-06434-7 C0036　Printed in Japan